幼児教育のフロンティア

伊藤 良高
中谷 彪 編
北野 幸子

晃 洋 書 房

はしがき

　近年、乳幼児期の子どもの育ちやより良い子どもの育ちを実現する子育て支援のあり方が問われている。その主な要因として、子どもを取り巻く環境の変化に伴う子どもの育ちの変容、また、子育てを取り巻く環境の変化に伴う家庭・地域の子育て力の低下が挙げられる。すなわち、前者においては、基本的な生活習慣の欠如や食生活の乱れ、自制心や規範意識の希薄化、運動能力の低下、コミュニケーション能力の不足、小学校生活にうまく適応できていないなどの問題が指摘されている。また、後者については、子育ての孤立化や子どもに対する理解の不足から、過保護や過干渉、育児不安、児童虐待、乳幼児の遺棄など、子どもとの関係構築に関する課題が指摘されている。

　こうした状況のなかで、超少子・高齢化ともあいまって、次代の社会を担う子どもが健やかに生まれ、かつ、育成される社会の形成が大きな課題となっている。また、それとのかかわりで、ここ数年、生涯にわたる人間形成の基礎を培う幼児（期）教育の重要性が強調されている。例えば、2005年1月に、文部科学省・中央教育審議会から出された「子どもを取り巻く環境の変化を踏まえた今後の幼児教育の在り方について（答申）」は、人間形成の基礎を培う幼児教育の重要性にかんがみ、「家庭」「地域社会」「幼稚園・保育所等施設」それぞれが幼児教育を充実させるとともに、これらが相互に十分な連携を図っていくことの大切さを提唱している。また、2006年12月に全面改正された教育基本法において、新時代における教育の目的及び理念が示されるとともに、「家庭教育」（第10条）や「幼児期の教育」（第11条）に関する規定が新たに盛り込まれるなど、幼児期教育の充実が課題となっている。これを受けて、2007年6月には学校教育法が一部改正され、幼稚園関連では、①学校種の規定順を幼稚園から始めたこと（第3章）、②目的に「義務教育及びその後の教育の基礎を培う」ことを加えたこと（第22条）、③目標に「規範意識の芽生え」「生命及び自然に対する興味」などを追加したこと（第23条）、④保護者・地域住民等に対する幼児期教育の支援を努力義務としたこと（第24条）などの改正が行われている。また、2008年3月、文部省「幼稚園教育要領」(1998年12月14日文部省告示第174号。2007年12月25日文部科学省告示第146号最終改正)及び厚生省「保育所保育指針」(1999

年10月29日児発第799号厚生省児童家庭局長通知）が改訂（定）され（施行はともに2009年４月）、幼稚園・保育所における教育機能の充実をめざして、新たな幼児教育が展開されようとしている。さらに、同年７月、文部科学省「教育振興基本計画」が策定され、幼児教育にあっては、認定こども園の制度改革や幼児教育全体の質的向上などが課題とされている。こうした動きの背景には、近年における少子化とグローバル化による"幼児期からの「人間力」の向上"という国家戦略がある。基礎学力と規範意識を持った優れた人材の育成に向け、初等教育から高等教育にいたるまでの"教育再生"や"教育立国"がスローガンとなっている。そのなかで、幼児教育の義務化や無償化が検討課題とされるなど、幼稚園・保育所の教育機能を強化することが企図されている。

　本書は、小学校就学前のすべての子どもの生活と発達の保障をめざす「幼児教育」（または「保育」）について、今、何が求められ、課題となっているか、最新のデータ・資料を踏まえつつ、その理論と実践の最前線にせまろうとするものである。関連する基礎的知識や動向を全体的に網羅しつつ、家庭、地域社会、幼稚園・保育所・認定こども園等施設のそれぞれにおいて、幼児教育の明日を拓く、あるいは、展望する視点や論点、方法を描きだそうとしている。

　本書は、大学・短期大学・専門学校等において、幼児教育について学んでいる学生諸君の講義テキストとして、また、幼児教育専門職・関係者のための実務・研修テキストとして、さらには、子ども・子育て問題に関心を持っている一般市民の参考資料として執筆・編集されたものである。これまでに発行されている「フロンティア」シリーズに加わる新たな一書として企画されたものであるが、その名にふさわしいものとなっているかは、賢明な読者諸氏の判断に委ねるしかない。読者の皆様のご意見やご要望に応えながら、今後さらなる充実と改善の努力を重ねていきたい。

　最後になったが、本書の出版を快諾された晃洋書房の上田芳樹社長、編集でお世話になった丸井清泰氏、校正でお手数をおかけした福岡優子さんに、心からお礼を申し上げたい。

　　　2009年２月10日

　　　　　　　　　　　　　　　　　　　　　　　　　　　　編　　　者

目　　次

はしがき

第1章　新時代の幼児教育 …………………………………………… 1
　　　　　——理念と構造——
　　1　戦後幼児教育の理念と展開　(1)
　　2　新しい「幼児教育」概念の提唱　(4)
　　3　教育基本法・学校教育法と幼児（期）教育　(5)
　　4　子ども・保護者・保育者の「権利」としての幼児教育
　　　　　——課題と展望——　(8)

第2章　乳幼児の育ちの現状と課題 …………………………………… 11
　　1　乳幼児の育ちの現状　(11)
　　2　乳幼児の育ちの現状を捉える視点　(12)
　　3　子育て環境の変化の社会的背景と親育ちの問題　(13)
　　4　社会全体で支える乳幼児の育ち　(14)

第3章　教育基本法の人間像と幼児教育 ……………………………… 18
　　1　教育活動と人間像　(18)
　　2　旧・教育基本法と人間像　(19)
　　3　新・教育基本法と人間像　(21)
　　4　幼児教育における人間像の追求　(22)
　　5　幼児教育における人間像の展開　(23)

第4章　学校教育法と幼稚園教育 ……………………………………… 25
　　1　学校教育法と幼稚園　(25)
　　2　フランスにおける幼稚園（保育学校）教育法制　(28)
　　3　今後の課題と展望　(29)

第5章　新幼稚園教育要領・新保育所保育指針がめざすもの　……31
1　改訂（定）の共通した社会的背景　(31)
2　新幼稚園教育要領のポイント　(33)
3　新保育所保育指針のポイント　(35)
4　改訂（定）の意義と幼児教育の方向　(36)

第6章　子どもの生活環境と保育方法・技術　……38
1　ICT社会の進展と課題　(38)
2　ICT社会における子どもの姿　(39)
3　ICT社会における幼児教育・保育（1）　(40)
　　——子どもの規範意識の育成と仲間作りを意識した実践——
4　ICT社会における幼児教育・保育（2）　(42)
　　——幼小連携・自己表現力やコミュニケーション能力の育成をめざした実践——
5　ICT社会における幼児教育・保育におけるまとめと課題　(43)

コラム1　幼稚園の現場から——心育ての大切さ——
コラム2　保育園の現場から——保育園は小さなサプライズがいっぱい——

第7章　幼保一元化の可能性と展望　……51
　　——認定こども園を中心に——
1　戦前における幼稚園と保育所の関係　(51)
2　幼保一元化を巡る戦後の動き　(52)
3　認定こども園と幼保一元化　(54)
コラム3　幼保一体化施設の現場から——足立区のチャレンジ——

第8章　保幼小の連携の展開と問題点　……59
1　国の政策における保幼小の連携に関する明確化　(59)
2　保幼小の連携の展開　(61)
　　1　保育所・幼稚園・小学校の交流を中心とする連携
　　2　子どもの発達と学びの接続としての教育課程研究

3　保幼小の連携を推進する教育行政の新たな動向
　3　問題点と課題　*(67)*

第9章　保育マネジメントの理論と実践 ………………………… *71*
　1　保育マネジメントの時代　*(71)*
　2　保育マネジメントの理論と領域　*(73)*
　3　保育マネジメントとしての保育所経営・幼稚園経営　*(75)*
　4　園長・主任保育士等リーダー層の経営能力　*(76)*

第10章　保育専門職の資質・専門性向上と資格・養成・研修問題 … *80*
　1　保育専門職の資質・専門性　*(80)*
　　　――資質としての人間性、専門性としての科学――
　2　保育者の専門性の維持・向上システム　*(82)*
　3　保育領域の専門性と日本におけるその確立状況　*(83)*
　4　これからの保育専門職の資格・養成・研修　*(85)*
　　　――課題と展望――

コラム4　保育者養成の現場から――4年制私立大学を中心に――

第11章　保護者に対する子育て支援 ……………………………… *90*
　　　　　――これまでとこれから――
　1　子育て支援の社会的背景と必要性　*(90)*
　2　子育て支援の基礎理念　*(93)*
　3　子育て支援の実際　*(94)*
　4　これからの子育て支援　*(97)*
　　　――参観から参加、さらには参画へ――

第12章　障がい児保育の新潮流 …………………………………… *99*
　　　　　――特別支援教育とのかかわりで――
　1　障がい児保育の現状と課題　*(99)*
　　1　障がい児保育とは
　　2　障がい児保育実践
　　3　障がい児保育への取組

2　特殊教育から特別支援教育へ　　(102)
　　　　1　特別支援教育の背景
　　　　2　特別支援教育の課題
　　3　障がい児保育と特別支援教育における支援システムの新たな展開
　　　　(104)

第13章　世界の子育てと幼児教育　……………………… 108
　　　　　──比較子育て文化論──
　　1　アメリカの子育てと幼児教育　　(108)
　　　　1　アメリカの学校制度と幼児教育
　　　　2　就学前教育
　　　　3　幼稚園の実際
　　　　4　当面する課題
　　2　フランスの子育てと幼児教育　　(111)
　　　　1　フランスの幼児教育制度
　　　　2　フランスの子育て文化
　　3　中国の子育てと幼児教育　　(113)
　　　　1　中国の子育て
　　　　2　中国の幼児教育
　　4　韓国の子育てと幼児教育　　(117)
　　　　1　韓国伝統社会における幼児期の子育て
　　　　2　現代韓国社会における幼児期の子育て
　　　　　　──家庭と幼児教育施設との分担──
　　　　3　今後の課題
　　　　　　──過去の視点から見る現在の子育て──

索　　引　(121)

第1章　新時代の幼児教育
――理念と構造――

　近年、超少子・高齢化の進展のなかで、次代の社会を担う人材の育成が重要な課題とされ、生涯にわたる人間形成の基礎を培う幼児（期）教育のより一層の重要性が指摘されている。そして、そのなかで、幼稚園・保育所・認定こども園等の保育施設には、幼児教育の中核としての役割を担い、家庭、地域社会と連携しつつ、幼児教育全体の質的向上を図っていくことが求められている。

　本章では、新時代の幼児教育が期されている今日にあって、戦後幼児教育の理念と展開をトレースしつつ、近年、提唱されている新しい「幼児教育」概念とはいかなるものであるか、教育基本法や学校教育法において幼児（期）教育はどのように位置づけられているか、また、子ども・保護者・保育者の「権利」という側面から、何が課題となっているかについて論じていきたい。

1　戦後幼児教育の理念と展開

　戦後日本の幼児教育は、1947年3月の教育基本法（旧法。以下、「旧・教育基本法」と表記）及び学校教育法並びに同年12月の児童福祉法の制定・公布によって新たな第一歩を踏み出した。"民主的で文化的な国家を建設して、世界の平和と人類の福祉に貢献する"という日本国憲法の理想を実現するために、旧・教育基本法第1条は、「人格の完成」をめざし、「心身ともに健康な国民」を育成していかなければならないという教育の理念・目的を掲げた。また、憲法第26条の「教育を受ける権利」を踏まえ、同第3条は、就学前の子ども（乳幼児）を含むすべての国民に対して、ひとしく教育を受ける機会を保障するという原則を示した。その教育は、学校教育のみに限られず、「あらゆる機会に、あらゆる場所において実現されなければならない」（同第2条）とされた。保育施設として、幼稚園は、学校の一種と位置づけられ、「幼児を保育し、適当な環境を与えて、その心身の発達を助長することを目的とする」（学校教育法第77条）とされた。これにより、幼稚園は、子どもの発達を助け導く独自の幼児教育機

関としての性格が明確にされた。また、保育所については、児童福祉施設の一種とされ、「日日保護者の委託を受けて、その乳児又は幼児を保育することを目的とする」(児童福祉法第39条)と規定された。ここにおいて、保育所は、地域におけるすべての子ども・子育て家庭に開かれた施設として、①乳幼児の環境保護、②集団保育による乳幼児の成長・発達の権利保障、③乳幼児の福祉を増進する基盤としての女性の労働権・社会参加権保障、人間性の尊重確立、がめざされた。幼稚園と保育所の一元化を求める声が保育・幼児教育関係者の間で高まったものの、学校教育法・児童福祉法の国会審議において将来の課題とされ、保育制度の二元的構造は基本的に維持されることになった。

　1950年代になると、政令改正諮問委員会の「教育制度の改革に関する答申」(1951年11月)を契機に、教育内容の国家統制強化や学校制度の多様化など教育制度の再編成が進められ、一連の施策の展開は、幼児教育にも大きな影響を及ぼした。ある論者の表現によれば、「保育所と幼稚園との分断、福祉と教育との分断、受益者負担の強化を柱にした安上がり政策の確立」[1]という方向であるが、保育所運営経費の支出方法の変更(1950～1952年度。地方交付税平衡交付金制度の導入)や児童福祉法第39条の改正(1951年。保育所の対象を「保育に欠ける」子どもに限定)、文部省「幼稚園教育要領」の刊行(1956年2月。同年4月実施)、幼稚園設置基準の制定(1956年12月)などが行われた。保育所と幼稚園の違いが強調され、以降、幼稚園界では「保育」に代えて「教育」という言葉が用いられるようになった。

　1960年代の「高度経済成長」期には、「人づくり」政策を背景として、幼稚園・保育所について一定の量的拡大が図られた。1963年の「幼稚園教育振興計画」や1966年の「保育所緊急整備5か年計画」などにより、幼稚園・保育所の園数、在園児数、就園(在籍)率は大幅に増大した。しかし、公立幼稚園の増設は目標の半分に留まり、私立幼稚園への依存が強まった。保育所についても、「3歳までは母親が家庭で」という考え方が根強く、保育ニーズの高まりに十分対応できなかった。全国で保育所づくり運動が展開され、社会福祉法人立保育所や共同保育所が設立された。保育内容の領域では、「幼稚園教育要領」が改訂され(1964年3月。同年4月施行)、国家的基準として法的拘束力が付与された。また、保育所について、別途、厚生省「保育所保育指針」が通知施行された(1965年8月)。

　1970年代には、文部省・中央教育審議会の「今後における学校教育の総合的

な拡充整備のための基本的施策について」(1971年6月)に端を発する国家主義的・能力主義的学校制度改革が展開された。幼児教育については、「4、5歳児から小学校低学年の児童まで」を一貫教育する「幼児学校」構想や幼稚園教育の積極的な普及充実、保育所における幼稚園教育への準拠などが提起された。1971年の「第2次幼稚園教育振興計画」「第2次保育所緊急整備5か年計画」などが策定され、乳児保育特別対策の充実や障害児保育特別事業への国庫補助、私立学校振興助成法による法人幼稚園経常費補助などが図られた。

1980年代になると、低成長経済への転換や長期にわたる不況による国家・地方財政の逼迫を背景に、臨時行政調査会・臨時行政改革推進審議会による臨調行革及び臨時教育審議会主導の教育改革が推進され、教育・福祉の民営化と規制緩和の動きが広がった。保育所の費用徴収基準の強化や保育所の新設抑制、公立保育所運営の民間委託、幼稚園就園奨励費の所得制限の適正化などの施策が実施された。しかし、1989年の「1.57ショック」(合計特殊出生率がそれまで丙午のため最低であった1966年の数値を下回ったこと)を契機に、少子化が社会問題化し、以後、各種の保育サービスや地域子育て支援策が展開されるようになる。

1990年代〜2000年代には、少子高齢化・人口減少を背景とした新自由主義に基づく社会福祉改革・教育改革の下で、さらなる規制緩和・改革が提起されている。国・自治体の公的責任が大幅に縮減される動きのなかで、保育・幼児教育への競争原理の導入や民間企業等多様な経営主体の市場参入が急速に推し進められている。1990年代後半から、地域行政の総合化や施設運営の効率化をスローガンに、幼稚園と保育所の施設の共用化などが課題とされ、総合施設「認定こども園」が制度化(2006年10月)されるとともに、幼稚園と保育所の一元化が新たな注目を浴びている。他方、幼児教育の重要性が唱えられるなかで、2008年3月、「幼稚園教育要領」及び「保育所保育指針」が改訂(定)され、幼稚園・保育所における教育機能の充実がめざされている。また、同年7月には、文部科学省「教育振興基本計画」が策定され、幼児教育領域では、認定こども園の活用や幼児教育全体の質向上などが課題とされている。また、次世代育成支援という視点から、すべての子どもと子育て家庭を社会総ぐるみで応援していくことの大切さが提唱されている。2000年代末〜2010年代には、子ども・子育て新システム検討会議「子ども・子育て新システムに関する中間とりまとめ」(2011年7月)などが出され、幼保一体化を含む、子ども・子育て支援のための包括的・一元的な仕組みが検討されている。

2　新しい「幼児教育」概念の提唱

　ポピュラーに普及しているある保育用語辞典は、「幼児教育」について、「幼児を対象とする教育のこと。幼児とは広義には出生から小学校就学までの乳幼児すべてを意味するが、厳密には乳児を除いた1歳以降就学までの幼児を指す。したがって、幼児教育という用語は、教育の対象に即して教育の態様を規定したことばであり、内容的には就学前教育と一致する」[2]と定義づけている。また、「就学前教育」について、「子どもが義務教育を受け始める以前に受ける教育をいう。それは出生に始まり、就学に終わる。広義にはこの時期に行われる一切の教育を意味するが、狭義には幼稚園や保育所などの集団施設保育に限定して用いられている。"保育"や"幼児教育"と同義語に用いられることもある」[3]と記している。これらにおいては、幼児教育が、小学校就学前のすべての子どもの教育をさしていることや、広義・狭義の2つの意味あいがあること、また、幼児教育・就学前教育・保育という概念は基本において一致するものであることが示されている。こうしたとらえ方は、今日、幼児教育学・保育学において一般的に承認されるものとなっている。

　小学校就学に至るまでの乳幼児期（以下、単に、幼児期と表記）の教育は、前述の憲法や教育基本法でいう教育であることはいうまでもないことから、乳幼児に対する幼児教育の保障は、まずは、教育の保障の問題として考えなければならない。しかし、同時に、特別に繊細で傷つきやすい危機的な時期である乳幼児に対する教育には、一般に保護または養護が含まれることから、幼児教育の問題は、子どもの生存・生活の保障、あるいは、養護的機能をより多く含む保育的配慮という側面からもとらえておく必要がある。日本において、「保育」という言葉が、就学前教育・幼児教育とは別に、幼児期の教育の特性をよく表すものとして長らく言い慣らわされてきた所以である。[4]

　近年、幼児教育の重要性が指摘され、幼稚園教育及び幼稚園制度に関する議論や改革が盛んに行われている。例えば、文部科学省「幼児教育の充実に向けて（報告）」（2000年2月）及びそれを踏まえて策定された「幼児教育振興プログラム」（同年3月）、さらには、同・中央教育審議会「子どもを取り巻く環境の変化を踏まえた今後の幼児教育の在り方について（答申）」（2005年1月。以下、「2005年中教審答申」と略）において、幼稚園は学校制度の一環をなす「幼児教育の専

門施設」として位置づけられ、幼児教育を組織的・計画的に行う場としての幼稚園の基本を生かすなかで、地域の幼児教育センターとしての子育て支援機能を活用し、「親と子の育ちの場」としての役割・機能を充実することが求められている。とりわけ、2005年中教審答申は、新しい「幼児教育」概念を提唱し、「子どもの最善の利益」のためにあるべき今後の幼児教育の取組の方向性や具体的施策を提起している点で注目される。

同答申において、「幼児教育」は、「幼児に対する教育を意味し、幼児が生活するすべての場において行われる教育を総称したもの」であり、「具体的には、幼稚園における教育、保育所等における教育、家庭における教育、地域社会における教育を含み得る、広がりを持った概念」としてとらえられ、幼稚園等施設（保育所を含む）が中核となって家庭や地域社会の教育力を再生・向上させるとともに、幼児教育と小学校教育との接続など幼稚園等施設の教育機能を強化し、拡大していくことが必要であると指摘されている。そして、① 家庭・地域社会・幼稚園等施設の三者による総合的な幼児教育の推進、② 幼児の生活の連続性及び発達や学びの連続性を踏まえた幼児教育の充実という２つの方向性から取組を進めていくことを提唱している。ある論者の表現に従えば、この新しい幼児教育のイメージは、「幼児の生活・学び・育ちのヨコ（空間・領域）とタテ（小学校との連続的発達）の関係性をともに含み込み、かつそれらを重視する"幼児教育ネットワーク"として幼児教育を再認識することに他ならない」[5]ということができよう。同答申は、「幼児教育」という視点から、保育所を含む保育施設の再編成や家庭・地域社会・幼稚園等施設の三者の連携、小学校等との連携を打ち出していることが特徴的である。こうしたとらえ方の変化のなかで、今後における幼児教育の課題として、幼稚園等施設における教育機能の拡大や教員等の資質の向上を図るとともに、家庭教育や地域社会における子育て支援（それらの教育力の補完、再生・向上の支援）をより一層推進していくことが求められている。

3 教育基本法・学校教育法と幼児（期）教育

2006年12月、制定以来半世紀以上もの間、一度も改正されたことのなかった旧・教育基本法が全部改正された。同法の改正は、直接的には、2000年12月の教育改革国民会議による教育基本法見直し提言が端緒となっているが、その

後、文部科学省・中央教育審議会答申「新しい時代にふさわしい教育基本法と教育振興基本計画の在り方について」(2003年3月)などを経て閣議決定され、国会に提出され可決・成立した。改正の趣旨として、科学技術の進歩や情報化、国際化、少子高齢化、家族のあり方など教育をめぐる状況の変化のなかで、家庭・地域社会の教育力の低下やいじめ・校内暴力等の問題行動、社会性の低下など様々な問題を背景に、教育の目的・理念や教育の実施に関する基本を定めるとともに国及び地方公共団体の責務を明らかにすることで、「国民の共通理解のもと、社会全体で教育改革を強力に推進すること[6]」がめざされている。具体的には、教育の目的(第1条)・目標(第2条)について、「人格の完成」や「個人の尊厳」など旧・教育基本法に掲げられていた普遍的な理念を継承しつつ、「公共の精神」や「伝統と文化の尊重」など今日重要と考えられる事柄を新たに規定した、と説明されている。また、教育の実施に関する基本について、新たに「大学」(第7条)、「私立学校」(第8条)、「家庭教育」(第10条)、「幼児期の教育」(第11条)、「学校、家庭及び地域住民等の相互の連携協力」(第13条)について規定している。さらに、教育行政における国・地方公共団体の役割分担(第16条)や教育振興基本計画の策定(第17条)などについて定めている。

　幼児教育については、「幼児期の教育」を中心に、「家庭教育」、「学校、家庭及び地域住民等の相互の連携協力」と一体となってとらえられている[7]。すなわち、第11条は「幼児期の教育は、生涯にわたる人格形成の基礎を培う重要なものであることにかんがみ、国及び地方公共団体は、幼児の健やかな成長に資する良好な環境の整備その他適当な方法によって、その振興に努めなければならない」と記しているが、ここでいう「幼児期の教育」とは、「幼稚園・保育所等で行われる教育のみならず、就学前の幼児に対し家庭や地域で幅広く行われる教育を含めた教育を意味」するものと解されている[8]。そして、「幼児期の重要性を規定するもの」、また、「あわせて、国及び地方公共団体がその振興に努めなければならない旨も新たに規定したもの[9]」と位置づけられている。さらに、第5条「義務教育」の規定と結びついて、幼児教育も含めての義務教育年限の延長ないし就学年齢の引き下げや幼児教育の無償化に関する議論とリンクしていることは注目されてよい。

　こうした動きの背景には、少子化とグローバル化による"幼児期からの人間力向上"という近年の国家的戦略がある(最近のものでは、経済財政諮問会議「経済財政改革の基本方針2008」2008年6月、他)。そこでは、これからの幼児教育の方向

性として、教育改革の優先課題としてとらえ、幼稚園・保育所の教育機能の強化や家庭・地域社会の教育力の回復などが企図されている。同規定について、ある論者が指摘するごとく、「これまで教育法上軽視されがちだった幼児教育の重要性を明示したことや国・自治体の環境整備の義務に言及したことが注目される」といえるものの、「国の義務が子どもの権利に対応しておらず、かつ、努力義務にとどまっている」ことなどが問題点として挙げられるであろう。後述する子どもの「保育の権利」を保障することをめざして、公的責任としての国及び地方公共団体の幼児教育条件整備義務が明示されることが求められるのである。

　旧・教育基本法の改正及び2007年3月の文部科学省・中央教育審議会答申「教育基本法の改正を受けて緊急に必要とされる教育制度の改正について」(2007年3月。以下、「2007年中教審答申」と略)等を踏まえ、同年6月、学校教育法等いわゆる「教育三法」が改正・公布された(2008年4月より順次施行)。同法においては、学校教育の充実を図るため、義務教育の目標を定め、各学校種の目的・目標を見直すとともに、学校の組織運営体制の確立のため、副校長等の新しい職を設置するなどの改正がなされた。幼児教育については、それまで「第7章」に置かれていた諸規定を「第3章」に移し、①学校種の規定順について、幼稚園を最初に規定する、②目的に「義務教育及びその後の教育の基礎を培う」ことを加える(第22条)、③目標に「家族や身近な人への信頼感」「規範意識の芽生え」「生命及び自然に対する興味」「相手の話を理解しようとする態度」などを追加する(第23条)、④保護者・地域住民等に対する幼児期教育の支援への努力義務を新たに規定する(第24条)、⑤幼稚園に、副園長等という職を置くことができるようにする(第27条)、⑥幼稚園においても、学校評価及び情報の積極的な提供を義務づける(第42条・43条の規定準用)などが行われた。これらは、2007年中教審答申によれば、教育基本法に示された教育の目標や学校教育法に新たに規定される義務教育の目標の内容、幼児を取り巻く環境の変化を踏まえ、小学校以降の教育との発達や学びの連続性を明確にすることがめざされている。上記の①について、「この規定順の変更は、『主たる学校体系』を中心に置く旧法制の考え方を改めている点で、人々に違和感はないであろう」という見解も出されているが、学校の一種であると同時に独自の幼児教育機関でもある幼稚園を、どのように小学校・中学校等の学校制度及び教育内容・方法に接続していくかは十分に議論・整理されておらず、今後の課題といえる。

4 子ども・保護者・保育者の「権利」としての幼児教育
——課題と展望——

　子どもは、次世代を担う「社会の宝」「地域の宝」であり、憲法や教育基本法、学校教育法、児童福祉法、児童（子ども）の権利に関する条約（1989年）などにあるように、子どもは、心身ともに健やかに生まれ、育てられ、生活する権利を保障されねばならない。幼児教育をはじめとする子どもの教育は、この権利（幼児期の子どもにあっては、「保育の権利」と呼称）を実現するため、子どもが安全で安心して暮らすことのできる環境のなかで、親・保護者（親権者、未成年後見人その他の者。以下、「保護者」と総称）、家族を中心とする周りの大人との愛着関係の形成を基本とし、その年齢と成熟度に応じて、子どもの自己決定を尊重しつつ、一人一人の子どもの状況に配慮しながら、発達支援・生活支援を通じた自立支援を行っていくものである。

　子どもの「保育の権利」を保障するために、第一義的な養育・教育の責任者として、保護者が挙げられる。すなわち、「親権を行う者は、子の監護及び教育をする権利を有し、義務を負う」（民法第820条）、「父母その他の保護者は、子の教育について第一義的責任を有するものであって、生活のために必要な習慣を身に付けさせるとともに、自立心を育成し、心身の調和のとれた発達を図るよう努めるものとする」（教育基本法第10条第1項）。この保護者の監護・教育の権利ないし責任は、ある論者が指摘するように、「子どもに対する親の権利であると同時に義務であり、親は子どもの養育・教育の責任を負うとともに、子どもの懲戒権（民法822条）や居所指定権（同821条）、家庭教育・家庭保育の自由などの保障を受ける」ととらえられる。しかし、同時に、近年ますます確認されてきているように、子どもは家庭（それに代わる環境も含む）だけでなく、地域社会のなかで育つのであり、地域・社会全体で子どもを育てていくことが求められる。とりわけ、国や地方自治体の責任は大変重いものがあり、そのことは、児童福祉法第2条の「国及び地方公共団体は、児童の保護者とともに、児童を心身ともに健やかに育成する責任を負う」や教育基本法第10条第2項の「国及び地方公共団体は、家庭教育の自主性を尊重しつつ、保護者に対する学習の機会及び情報の提供その他の家庭教育を支援するために必要な施策を講ずるよう努めなければならない」などと記されている。国・地方自治体は、保護者の意思を尊重しつつ、教育的、文化的、経済的、社会的に十全な環境を整備しなけ

ればならない。

　また、幼稚園・保育所等において子どもの保育・教育を直接に担う幼稚園教諭・保育士等保育者は、保育・教育の専門家（職）ないし高度な専門性を有する対人援助職として、子どもの健やかな成長・発達を保障する責任を負っている。さらに、子どもの保護者に対する保育に関する指導（保育士。児童福祉法第18条の4）や家庭・地域における幼児期教育の支援（幼稚園教諭等。学校教育法第24条）に取り組むことが求められている。保育者は、保育内容・方法についての専門的力量を有する者として、職務遂行上の主体性や創意工夫（これを「保育者の職務上の自由」と呼称）が個別的・集団的レベルで大幅に認められなければならない。そして、園経営とのかかわりでは、組織の理念や方針、目標、将来計画等の策定・実施・検討・評価過程において、職員会議や理事会等を通じて、その集団的意思が積極的に反映されていく必要がある。他方で、「開かれた園づくり」「家庭や地域社会との連携」などのスローガンが示すように、保育者は、保護者・地域住民との対話及び納得による意思疎通、相互理解、信頼関係の構築に努め、保護者・地域住民の理解・協力・支援を得ることが不可欠である。

　筆者は、1990年代中頃から、保育・幼児教育界において、「保育自治」という概念を提唱し、保護者・保育者・地域住民・行政職員等保育関係者の協力共同（＝協働）による「保育自治」の探究と創造の必要性を提示している。そこでは、子どもの「保育の権利」を中核とし、それを保障するための「保育者の職務上の自由」がある。また、「園の自治」として、子どもの意見表明権（児童の権利に関する条約第12条）や保護者・地域住民の意思の尊重・反映、保育実践・子育て支援活動への参加（または参画）が保障される必要がある。こうした議論や実践の動向は、最近、国の政策文書・行政文書においても取り上げられるところとなっている。例えば、2005年文科省答申は、「親をはじめとする保護者やPTAのかかわりを、保育の『参観』から始めて、施設の行事への『参加』、さらには施設の計画の策定や外部評価等への『参画』へと高めていくことが必要である」と述べている。また、厚生労働省「保育所保育指針解説書」（2008年3月）も、「保育所が保護者との協力体制を築くためには、日頃から保育理念や保育方針、保育内容・方法等を様々な機会を通して情報提供するとともに、保育参観のほか保育参加、個別面談などを実施することも有効」であると記している。このように、子ども・保護者・保育者の「権利」としての幼児教育と

いう視点から、新時代の幼児教育をデザインし、創造していくことが望まれる。

注
1）　村山祐一「戦後日本の保育所・幼稚園の発展と課題」青木一他編『保育幼児教育体系――保育幼児教育の制度』第 6 巻第11号、労働旬報社、1987年、99頁。
2）　森上史朗・柏女霊峰編『保育用語辞典〔第 4 版〕』ミネルヴァ書房、2008年、2 - 3 頁（森上史朗執筆）。
3）　同前、3 頁（森上史朗執筆）。
4）　田村和之『保育所行政の法律問題〔新版〕』勁草書房、1992年、7 - 8 頁、参照。
5）　秋川陽一「少子化社会における幼児教育改革は何を目指すべきか」日本教育制度学会編『教育改革への提言集〔第 5 集〕』東信堂、2006年、103-104頁。
6）　文部科学省「新しい教育基本法について」2007年 3 月、7 頁。
7）　この点について、家庭教育の内容に対する国家介入の危険性を危惧する声も出されている。かかる意味で、幼稚園を含む学校、家庭、地域の連携協力のあり方が問われる必要がある。
8）　衆議院・教育基本法に関する特別委員会における馳文部科学副大臣の答弁による（2008年 6 月 8 日会議録）。
9）　衆議院・教育基本法に関する特別委員会における小坂文部科学大臣の答弁による（2008年 6 月 2 日会議録）。
10）　解説教育六法編修委員会編『解説教育六法2008』三省堂、2008年、54頁。
11）　同前。
12）　平原春好「改正学校教育法――改正の経緯、概要、課題」『季刊教育法』第157号、2008年、7 頁。
13）　田村、前掲書、20頁。

参考文献
岡田正章他編『戦後保育史』第 1 巻・第 2 巻、フレーベル館、1980年。
宍戸健夫『日本の幼児保育――昭和保育思想史――』下巻、青木書店、1989年。
中谷彪『幼稚園の制度と歴史』家政教育社、1982年。
伊藤良高『〔増補版〕現代保育所経営論――保育自治の探究――』北樹出版、2002年。
伊藤良高『幼児教育の明日を拓く幼稚園経営――視点と課題――』北樹出版、2004年。
中谷彪・伊藤良高・大津尚志編『教育基本法のフロンティア』晃洋書房、2006年。
中谷彪『子どもの教育と親・教師』晃洋書房、2008年。

第2章　乳幼児の育ちの現状と課題

　2005年1月に中央教育審議会から出された「子どもを取り巻く環境の変化を踏まえた今後の幼児教育の在り方について——子どもの最善の利益のために幼児教育を考える——（答申）」では、近年の幼児の育ちの現状について、「基本的な生活習慣や態度が身についていない、他者とのかかわりが苦手である、自制心や耐性、規範意識が充分に育っていない、運動能力が低下しているなどの課題が指摘されている」と述べている。本章では、この問題をどう捉え、解決策をどう考えていくのかについて、社会の状況を踏まえながら論じていきたい。

1　乳幼児の育ちの現状

　乳幼児の育ちに対する懸念が近年高まっている。例えば、2005年度の乳幼児栄養調査によれば、朝食に欠食が見られる子どもは約1割で、朝昼晩の三食を規則的に食べないなどの不規則な食事が問題となっている。また、「第6回21世紀出生児横断調査の概要」(2007年)は、22時以降に就寝する3歳6カ月の幼児が3割近くいると報告している。
　しかし、乳幼児の生活習慣は改善方向にあるとの指摘もある。ベネッセ教育研究開発センターが、1995、2000、2005年に乳幼児をもつ保護者を対象に行っている乳幼児の生活状況等の調査（「第3回幼児の生活アンケート報告書」）によると、2000年に比べ、2005年には、乳幼児は若干、早寝早起き傾向に戻っている。乳幼児の就寝時刻は「21時頃」「21時半頃」が増加し、「22時以降」の割合が減少、また、起床時刻も「6時半頃」「7時頃」が増加し、「7時半以降」の割合が減少している。このことは、近年、文部科学省等が進めている「早寝早起き朝ごはん」推進運動などの影響を受けて、子どもにとっての睡眠や生活習慣の確立の重要性が保護者に認識されてきつつある結果とも考えられるだろう。
　乳幼児の就寝時刻について、同調査では、メディア視聴と母親の意識との関

係を指摘している。「20時台就寝」の幼児に比べ、「22時台就寝」の幼児のほうが1日に長時間にわたってテレビやビデオ、DVDを見ている。また、母親が「基本的生活習慣を身につけること」に「とても力を入れている」と答えた子どものほうが早寝であるという傾向が見られた。

メディア視聴に関しては、テレビとの接触は減ってきているものの、ビデオ・DVDを合わせると、大きな変化はない。遊びについては、テレビゲームの利用率はかなり下がってきているが、「誰と主に遊んでいるか」については、「母親」という回答が増え、「友だち」「きょうだい」は減ってきている。

2 乳幼児の育ちの現状を捉える視点

ここ10年の調査では、乳幼児の育ちの現状はよくなりつつあるようにも見える。しかし、ここで注意しておきたいことが2点ある。

第1に、母親の子育て意識と父親のかかわりについてである。先の「幼児の生活アンケート報告書」によると、2000年と2005年との比較調査から、母親の子育て意識に関しては、子育てを肯定的にとらえる母親が増えている一方で、子育ての負担感は変わらず、子育ての不安感は強まる傾向にあることが指摘されている。一方、父親の育児参加・家事参加の状況、および父親の育児参加・家事参加への母親の満足度は5年前とあまり変わっていない。さらに、父親の帰宅時刻と家事・育児参加状況を比較し、「帰宅時刻が遅いと育児参加が不十分になる」と指摘している。

母親の子育ての不安や負担は、父親の家事・育児参加により軽減されるが、父親の家事・育児参加状況は、勤務時間や仕事の付き合いなどの影響を受ける。乳幼児の育ちを保障するためには、日本の労働環境を見直すという観点が必要なのである。

第2に、乳幼児の育ちの諸問題の関連である。基本的な生活習慣の欠如や自制心・規範意識の希薄化、運動能力の低下、コミュニケーション能力不足といった諸問題は、個々ばらばらに生起しているのではなく、例えば、就寝時刻が遅くなるほど朝食を欠食する割合が高くなるなど、関連性があることが分かってきている。

さらに、乳幼児の脳に与える影響という観点からこれらの諸問題の関連を説明する指摘もある。小児神経科医である神山は「子どもの心と体を壊すもの」

として、特に「夜ふかし」を取り上げている[2]。それによると、日本では夜ふかしによる睡眠不足の子どもたちが増えているが、これらの子どもたちはいわば慢性の時差ぼけ状態にあり、血圧上昇、肥満、免疫機能・性腺成熟過程などの障害、老化の促進などが心配される。また、学力の低下、きちんとしていることができない、頭がぼんやりする、イライラする、気分が落ち込みがち、キレやすい、などの症状がでる。神山は、幼児の生活リズムと活動量の調査から、「夜ふかし朝寝坊では活動量が減る」ことを確かめているが、活動量が減るとセロトニン神経系の働きが低下し、脳機能全般に影響を及ぼすと考えられるため、子どもたちの学力低下や若者のニートの問題なども小児期の夜ふかしの影響があるのではないかと考えている。

このように、今の乳幼児の育ちは、将来の子どもたち、そして大人の姿に大きく影響を与える。乳幼児の育ちを保障していくことは、未来の社会を作ることに他ならず、しかも緊急の課題なのである。乳幼児の育ちの課題の一つ一つに対処していくことも必要であるが、乳幼児の育ちを総合的に捉えた上での対応が、今、求められている。

3 子育て環境の変化の社会的背景と親育ちの問題

子どもの育ちの変化の社会的背景として、先の中央教育審議会答申では、少子化、核家族化、都市化、情報化などの日本の経済社会の変化を受けた人々の価値観や生活様式の多様化、人間関係・地域における地縁関係の希薄化、過度に経済性や効率性を重視する社会風潮などを指摘している。

少子化、核家族化、都市化が進む中、地域の中で子どもたちが集団で遊び、さまざまな体験をする機会が失われてきた一方で、情報化に伴い、テレビ視聴、ゲーム、インターネット等での遊びが普及してきた。このことは、かつてのように子ども同士で体を動かしながらコミュニケーションをとって遊ぶ機会を減少させ、結果的に運動能力や社会性を育む機会が失われることになっている。また、都市化や核家族化は地域での人間関係の希薄化につながり、地域社会で子どもの育ちに関わることを困難にしている。

このような「地域社会の子育て力の低下」の影響を受けて、「家庭の子育て力」も低下してきていると考えられる。かつては、地域社会の中で、あるいは大家族の中で、弟妹や甥姪、近所の子どもたちの面倒を見、共に遊ぶことを通

して、人々は乳幼児との関わり方を自然と学んできた。それが、高度経済成長期以降、急速に失われたのである。

　したがって、「家庭の子育て力の低下」とは、家庭でしつけや基本的生活習慣の形成ができていないといったことよりも、今の親世代の子育てそのものに対する理解が乏しくなっていることが根本的な問題だと考えられる。つまり、子どもをどう育ててよいか分からない、どう関わってよいか分からないといった、幼児教育以前の問題を若い親世代は抱えているのである。子育ての孤立化は、この問題とも関わりが深いと考えられる。

　さらに、今の親世代の育った環境が、子育てに対するストレスを感じやすくさせているという指摘もある。汐見によれば、現代の若い親世代は、高度経済成長期の中かそれ以後に生まれた世代であるが、この時期、急速に子どもの遊び集団や社会集団が消失した。そのため、異年齢で遊ぶ体験をしなくなった一方で、少人数の仲間の中からトラブルの少なそうな友だちを選んで遊ぶという、同質集団で小規模に遊ぶ傾向が生じた。また、同時期に進んだ消費社会化は、欲求を実現させるために我慢しなくても、その場そのときの嗜好によって欲求を簡便に満たすことを可能にした。このような指向性も人間関係に影響している。加えて、学歴をめぐる競争社会のなかで、親の期待に過剰に適応してきた若い親世代は、他者に過剰に気を遣う傾向を持つ。このような若い親世代は、子どもという、自分とは全く異なる存在に対しての許容性が低くなり、子育てに対してストレスを感じやすくなっているのである。

　このように、現代の親世代は、親として育つ機会を十分与えられないまま親になっているだけでなく、人間関係を形成しにくく、育児ストレスを感じやすいという問題を抱えている。さらに、今後は基本的な生活習慣や社会規範が親自身に身についていないといった「若者の育ち」の問題ともつながっていくことになるだろう。

　子どもができれば自然に親として振舞えるようになるわけではない。親が親として育つこと、すなわち「親育ち」はもはや個々人の問題ではなく、社会的な課題になってきているのである。

4　社会全体で支える乳幼児の育ち

　以上見てきたように、乳幼児の育ちの課題は親育ちの課題でもあり、それを

社会全体で保障していくことが必要である。汐見が「育児能力は、本来社会に存在していると考えるべきであり、社会の育児能力が何らかの理由で衰退してきたときに、個々の親が育児に苦労し始めるのである[4]」と指摘しているように、子育ての問題はまず社会の問題であると捉えるべきであり、個々の家庭の子育て力の責任することは、社会的な崩壊につながりかねないとの危機感をもつべきである。

　そのような観点に立ち、親育ちを支え、家庭の子育て力を高めて、乳幼児の育ちを保障していくためには、社会レベルでの意識改革と子育て支援システムの構築が緊急の課題であると考える。

　現在、「仕事と育児の両立支援」のための「働き方の見直しによる仕事と生活の調和（ワーク・ライフ・バランス）の実現」が提唱されているが、両立支援制度があっても実際には利用しにくいといった現実がある[5]。その背景には、労働時間の長さや休業による周囲への負担に対する配慮もあるが、「出産1年前には雇用者で現在は無職」の女性が仕事を辞めた理由の中で「解雇された、退職勧奨された」女性が5.6%もいることからも分かるように、女性が出産後、子育てしながら働くことに全く理解を示さない職場が現に存在するのである。日本の場合、性別役割分業思想がまだまだ根強く、上司や同僚に妊娠・出産・育児に対する配慮や理解が十分でないことも多い。そのような現実社会の現状を踏まえ、子育てに直接かかわりのない人にも意識改革を働きかけていくことが必要である。

　方法はさまざまあると考えられるが、現在ある子育て支援政策の観点を見直していく必要があるだろう。現在日本で行われている子育て支援政策は、少子化対策が中心であるため、本当の意味で支援を必要としている親、特に母親を援助するものになっていないのが現状である[6]。子どもの育ちを保障していくためには、親が子育てしやすい環境をつくることが重要だが、その中身は、親が子どもにゆったりとかかわり、そのことが親の生活を苦しめないことである。病児保育の需要が高まっているが、それは、子どもの病気のたびに仕事を休むと辞めさせられる危険があるためだ。子どもが病気のときには安心して休めるような職場環境や社会通念を作っていくことが本来求められていることである。「子育てしやすい」の中身を十分検討した上で、子育て支援政策を具体化していく必要があるだろう。

　また、子育て世代の女性が望んでいる少子化対策のトップである「経済的支

援」の内容とは、「保育料または幼稚園費の軽減」、「乳幼児の医療費の無料化」「児童手当の金額の引き上げ」である。子育て費用総額のうち公的負担は約5割であるが、それでも生まれてから小学校に上がるまでの子育ての私費負担は約440万円である。所得の低い若い世帯の経済的負担の重さをもっと考慮すべきであろう。

　一方で、親育ちの課題に対しては、今あるさまざまな子育て支援と親をつなぐ役割を期待されるソーシャルワーカーの育成が必要となってくるだろう。これを子育て支援の専門家として位置づけ、養成していくことも今後の課題である。

　「社会全体で子どもを育てる」という社会通念を伴った子育てしやすい・働きやすい社会を作っていくことがこれからの社会を活性化させるという認識に立ち、現在子育て中の親たちのニーズを把握しながら、行政や専門家が中心となって子育て支援システムを構築していくことが求められている。

注
1) Benesse 教育研究開発センター『第3回幼児の生活アンケート報告書・国内調査　乳幼児をもつ保護者を対象に』ベネッセコーポレーション、2007年。
2) 神山潤『「夜ふかし」の脳科学　子どもの心と体を壊すもの』中央公論新社、2007年。
3) 汐見稔幸『親子ストレス　少子社会の「育ちと育て」を考える』平凡社、2007年、70–79頁、参照。
4) 同前、175頁。
5) 内閣府『平成20年度版少子化白書』佐伯印刷、56–62頁、参照。
6) 中尾香子「第3章　子育て支援の体系化」北野幸子・立石宏昭編著『子育て支援のすすめ——施設・家庭・地域をむすぶ——』ミネルヴァ書房、2006年、20–31頁、参照。また、汐見も、保育所の開所時間の延長と乳児保育の拡充は、つまるところ、女性の労働力を確保するための施策にしかなっていないと指摘している（汐見稔幸、前掲書、188–189頁、参照）。
7) 日本婦人団体連合会編『女性白書2007』ほるぷ出版、2007年、32–37頁、参照。
8) 内閣府『平成17年度版少子化社会白書』ぎょうせい、2005年、108–118頁、参照。

参考文献
全国保育団体連絡会・保育研究所編『保育白書2007年版』ひとなる書房、2007年。
日本子ども家庭総合研究所編『日本子ども資料年鑑2008』ＫＴＣ中央出版、2008年。

大日向雅美・荘厳舜哉編『子育ての環境学』大修館書店、2005年。
武田信子『社会で子どもを育てる――子育て支援都市トロントの発想』平凡社、2002年。

第3章　教育基本法の人間像と幼児教育

1　教育活動と人間像

　教育とは、ある一定の目的に向かって、計画的・意図的に人間の成長と発達を図っていく営みである。ここで「ある一定の目的」とは、「理想的人間像に向かって」と言い換えてもよい。教育活動は本来的に目的志向的であるところから、いかなる理想的人間像を育成するかは、教育活動においては抜かすことのできない問題である。このことは、幼児教育であれ、小・中学校の教育であれ、家庭教育であれ、社会教育であれ、それらが教育活動である限り、すべてに当てはまる。教育活動が志向する理想的人間像を教育的人間像と表現することができるが、以下では、人間像と使用することにしたい。

　教育活動には、意識されていようが、いまいが、必ず人間像が想定されていると言ったが、このことは歴史的に見ても、指摘することができる。

　例えば、西欧の歴史において理想とされた人間像として、ルソーは「農夫のように働き、哲学者のように考える人間」像を描き、ペスタロッチは「頭・胸・手の調和的発達」した人間像を示唆し、マルクスやフンボルトは全面的に発達した人間像を提唱した。

　近世の日本においては、武士階級の世界では「文武両道に長ける」ことが、庶民の社会では「一人前の人間になる」ことが理想とされた。

　日本において近代公教育制度が出発したのが1872年であったが、戦前の日本の理想人間像を明示したのは「教育勅語」(1890年)で、それは忠君愛国者であった。「教育勅語」は、1945年の太平洋戦争の敗戦まで約65年間、日本の教育方針を示すものとして君臨したが、この間、学校では、修身教育などを通して、子どもたちに天皇と国家のために命を投げ出すことが教えられた。それは、間違った人間像の設定がいかに国民を不幸にし、他国民に犠牲を強いたかを示す典型例であったといってよい。

2 旧・教育基本法と人間像

　戦後制定された教育基本法（1947年。以下、旧法という）は、日本人の発案により、日本国憲法の精神に則って、新しい日本を建設するという考えの下に制定された。ここで注目しておくべき点は、以下の諸点である。
　1つは、旧法の制定過程の教育刷新委員会第1特別委員会では、「教育勅語」を批判・否定して旧法を制定するということが確認されていたということである[2]。
　2つは、旧法には、日本の過去の罪過、特に軍国主義・超国家主義が犯した罪過への反省があったということである。例えば、旧法の制定の際、教育刷新委員会が作成した「教育基本法案要綱案」には、前文の冒頭に次のような一節があった。

　　「教育は、真理の開明と人格の完成とを期して行われなければならない。従来、わが国の教育は、ややもすればこの自覚と反省とにかけるところがあり、とくに真の科学的精神と宗教的情操とが軽んぜられ、徳育が形式に流れ、教育は自主性を失い、ついに軍国主義的、又は極端な国家主義的傾向をとるに至った。この過りを是正するためには教育を根本的に刷新しなければならない」[3]。

　過去の罪過を反省したこの一節は、教育刷新委員会第一特別委員会でも審議され、大切な部分であるとして残されたが、文部省内での法案作成過程の段階で削除されてしまった。この削除は誠に遺憾であったが、この趣旨は旧法の前文の行間に読み取ることができる。
　3つは、旧法では、短い法律でありながら、日本国憲法の精神を承けて、平和という言葉が3回（前文に2回、第1条に1回）盛り込まれていた。特に前文の冒頭には、次の一節があった。

　　「われらは、さきに、日本国憲法を確定し、民主的で文化的な国家を建設して、世界の平和と人類の福祉に貢献しようとする決意を示した。この理想の実現は、根本において教育の力にまつべきものである」。

　ここには、これからの日本の教育は日本国憲法の精神から出発するという決

意表明があり、教育も憲法の民主主義、平和主義、基本的人権の尊重を基調とするという覚悟があった。それもそのはず、日本国憲法と旧法にとって最も大切な概念は平和であったからである。旧法の原案を審議した教育刷新委員会第一特別委員会でも、8人の委員たちが一致して熱願した価値は平和であった。それほど、平和は重い概念であった。

　4つは、「教育の目的」として「人格の完成」した人間の育成が設定されたということである。「人格の完成」した人間像とは何かについては、基本的には各人が自由に探求していくべきであるが、ここでは、「教育基本法制定の要旨」（1947年5月3日、文部省訓令第4号）の説明と文部省内教育法令研究会著『教育基本法の解説』の説明を紹介しておきたい。

> 「人格の完成とは、個人の価値と尊厳との認識に基き、人間の具えるあらゆる能力を、できる限り、しかも調和的に発展せしめることである[4]」。
> 「人格の完成は、単に個人のために個人を完成するというにとどまるものではなく、かかる人間が同時に国家及び社会を形成するよい人間となるように教育が行なわれなければならないことを示すのが後段の趣旨である。……人格の完成ということは、国家及び社会の形成者の育成ということの根本にあり、それより広い領域をもっている。この広い立場で育成された人間が、はじめて国家及び社会のよい形成者となることができるのである[5]」。

　ここには、「人格の完成」という言葉の豊かで、広くて、奥深い意味が、詳細かつ的確に説明されていたと考える。「人格の完成」した人間とは、全面的に発達した人間であり、個人の完成にとどまらず、国家及び社会の形成者でもあるという意味である。

　以上のように、旧法の「人格の完成」した人間像は、「教育勅語」の人間像とはまったく異なり、日本国憲法の平和主義・民主主義・基本的人権の尊重に立脚した全面的に発達した人間像のことであるとまとめることができるであろう。

　しかし、旧法の教育の目的（人間像）が余りにも崇高で高貴であったがゆえに、旧法は、不幸にも、政治的多数決の原理によって改正されてしまったのである。

3 新・教育基本法と人間像

　旧法は、2006年12月に約60年ぶりに大改正され、施行された。新法は第16条（教育行政）規定を典型として「政治が教育を支配する」体制を容認したものとなっているが[6]、その人間像に限定して見ても、いくつかの問題点を含んでいる。それを指摘しておこう。
　第1点は、教育の目的（第1条）である「人格の完成」した人間像が、「個人の完成」を素通りして、直ちに「国家及び社会の形成者」と連結されているということである。いわば、「人格の完成」した人間像に対して「国家及び社会の形成者」という枠をはめているということである。
　これでは、「上から押しつけられた人間像」もしくは「お仕着せの人間像」ではなかろうか。これでは、教育の目的としての「人格の完成」した人間のイメージが、狭く、浅く、小さくならざるを得ない。何よりも、こうした規定は、国民が「人格の完成」した人間像を自由に考えていく自由を否定しているという点で、問題であると言わなければならない。
　第2点は、「上からの押しつけの人間像」は、第2条で5項目にわたって具体的に規定されているが、人間像（人間の育ち方、生き方）を公教育の名において押し付けてよいのかということである。まして、5項目のそれぞれの末尾に「……養うこと」と強調されると、かつて「天皇と国家のために命を投げ出せ」と迫った「教育勅語」の徳目の現代版のような気がする。
　とりわけ第5項の文言（「伝統と文化を尊重し、それらをはぐくんできた我が国と郷土を愛するとともに、他国を尊重し、国際社会の平和と発展に寄与する態度を養うこと」）は、2003年3月20日の中央教育審議会の答申「教育基本法改正の方向」における「新たに規定する理念」の8つの項目のうちの「日本の伝統・文化の尊重、郷土や国を愛する心と国際社会の一員としての意識の涵養」と軌を一にするものである。
　しかし、こうした項目の規定は、「教育勅語」が辿った運命と同じく、かえって偏狭・狭隘で、閉鎖的な人間と社会を醸成することになるのではないかと危惧される。まして「公共の精神」「日本の伝統と文化」「愛国心・郷土愛」等の文言は、国家至上主義的考え方や全体主義的なものになっていく危険性を孕んでおり、今日では、復古的なナショナリズムや国家への奉仕の強要につながり

かねない。
　ともあれ、第2条の諸条項は、「生命、自由及び幸福追求に対する国民の権利」(憲法第13条)、「思想・良心の自由」(憲法第19条)など、国民個々人の人格的自律と内心の自由とを保障する領域を侵すものと言える。国家による国民の価値観への介入と統制は、近代憲法の原則から考えて容認され得ないものと考えられる。
　だが、どうしてこのような無謀な改正が行われたのであろうか。その主要な原因の1つは、旧法を政治的多数決の原理で改正してきた当時の安倍政権とその「戦後レジームからの脱却」政策の本質にあると考えられる。安倍政権は1年余りで自己崩壊したが、改正された教育基本法(新法)だけは残った。無責任な政権によって改正された新法は、今後も、日本の教育を改善するどころか、さらに混迷の泥沼に導いていくのではないかと危惧する。
　それならば、日本の教育の前途は真っ暗であるのか。そうとも言えるし、そうでないとも言える。しかし筆者は、心して努力するならば、明るい未来が拓けるのではないかと予測しているし、是非ともそうしなければならないと願っている。

4　幼児教育における人間像の追求

　今日の幼児教育を取り巻く環境は確かに良いとは言えない。しかし、その未来への発展の可能性については、必ずしも小さくないのではないかと考える。ここでは、幼児教育における理想的人間像実現のための視点と方策に限定して、述べてみたい。
　1つは、世界に誇ることができる日本国憲法を教育・保育の中で活かしていくということである。すなわち、日本国憲法の三大基本原理である民主主義、平和主義、基本的人権の尊重という人類普遍の価値を踏まえながら、新法の前文が宣言する「個人の尊厳を重んじ、真理と正義を希求し、公共の精神を尊び、豊かな人間性と創造性を備えた人間」を育成する教育・保育を主体的に推進して行こうではないかという提案である。そうした教育・保育実践が行われるならば、「健やかな子ども」を育てることができる可能性が大であるということである。その場合、大切なことは、教師・保育者自身がしっかりとした「人格の完成」した人間像のイメージを持っていることである。

2つは、日本国憲法や教育条理に則った教育を要求したり、実現しようとする教育実践と教育運動を大切に育てていくことが要請されているということである。言葉の正しい意味での「子どもの健やかな成長と発達」を保障しようとする要求に応える教育・保育実践こそ、教師・保育者に課せられた使命であり責務であるといえる。開かれた学校づくり運動や地域に根差したコミュニティ・スクール運動などは、この実践につながるものと言えよう。

3つは、民衆（常民）の子育ての遺産に学び、その精神を継承発展させていこうとする研究・教育活動が要請されているということである。日本には柳田国男や宮本常一に代表される民俗学の豊かな研究成果があるが[7]、それらの中における民衆の子育ての知恵を学び発展させるとともに、現代における子育てや人づくりのネットワークの構築を急がなければならない。この仕事は、研究者のみならず、子育てに関わる広範な人々の協働作業である[8]。

5　幼児教育における人間像の展開

それでは、幼児教育における人間像の指導をどう展開していけばよいか。それを一般的に表現すれば、次のようになるであろう。幼児期における教育は、生涯にわたる人格形成の基礎を培うものであるので、その指導に当たっては、教師は、教育の目的である「人格の完成」を目指して、幼児一人一人の特性と発達の課題に対応した保育内容と保育方法・技術とを講じていくことになるということである。

公的な幼児教育機関としての保育所と幼稚園の保育に限定して言うならば、次のように言うことができよう。保育所における保育では、「保育所保育指針」に則り、子どもが、現在を最も良く生き、望ましい未来をつくり出す力の基礎を培うことを目標とする指導を行うということである。

また、幼稚園における教育では、「生きる力の基礎となる心情、意欲、態度」の涵養がそのねらいであり、その達成のために、幼稚園における生活の全体を通して、心身の健康に関する領域「健康」、人とのかかわりに関する領域「人間関係」、身近な環境とのかかわりに関する領域「環境」、言葉の獲得に関する領域「言葉」及び感性と表現に関する領域「表現」の5領域について総合的に指導していくということである。

ただし、保育所と幼稚園の教育と保育の至高の目的が「人格の完成」である[9]

ことは、肝に銘じておかなければならない。

注
1）　中谷彪他『西洋教育小史』晃洋書房、2006年参照。
2）　中谷彪編著『資料　教育基本法の成立過程』タイムス、1985年、31頁、173頁、178頁、参照。
3）　同前、36頁。
4）　同前、60頁。
5）　田中二郎・辻田力監修、文部省内教育法令研究会『教育基本法の解説』国立書院、1947年、63頁。
6）　この点についてより詳しくは、中谷彪『子どもの教育と親・教師』（晃洋書房、2008年）の「第6章　新・教育基本法の問題点」（63-95頁）を参照されたい。
7）　柳田国男『柳田國男著作集（全36巻）』筑摩書房、宮本常一『宮本常一著作集（全48巻）』未來社など、民俗学における「子育て」の宝庫（研究・資料収集）は、膨大な数量にのぼっている。
8）　中谷彪『子育て文化のフロンティア──伝えておきたい子育ての知恵──』（晃洋書房、2006年）はその試みの1つである。
9）　塩尻公明の諸著作は、「人格の完成」論や理想的人間像を考える場合に参考になる。例えば『若き日の悩み』『若き友へ贈る』（ともに社会思想社・現代教養文庫、1966年）など。中谷彪『現代教育思想としての塩尻公明』（大学教育出版、1999年）も参照されたい。

第4章　学校教育法と幼稚園教育

　文部省が最初に幼稚園開設の許可をしたのは、1875年に東京女子師範学校附属幼稚園においてのことであった。その後徐々に幼稚園の数は増加していった。幼稚園に関するまとまった規定が国によって整備されたのは、1899年「幼稚園保育及設備規定」（文部省令）においてである。そして、1926年には「幼稚園令」（勅令）、及び「幼稚園令施行規則」（文部省令）が出された。「幼稚園ハ幼児ヲ保育シテ其ノ心身ヲ健全ニ発達セシメ善良ナル性情ヲ涵養シ家庭教育ヲ補フヲ以テ目的トス」（幼稚園令第1条）、とされ、「保育項目ハ遊戯、唱歌、観察、談話、手技トス」（施行規則第2条）とされた。当時就園率は低く（1935年で5歳児就園率は6.5%）、あくまで「家庭教育を補う」という位置づけであった。
　戦後改革によって、学校教育法（1947年、法律第26号）の一部（第7章）に幼稚園は位置づけられることとなった。ここで幼稚園は学校制度の一部に明確に位置づけられるとともに、幼児の保育をつかさどる職員の名称も「教諭」となった。
　時代を経て2007年に学校教育法は大幅な改定が行われ、第3章に幼稚園が充てられることになった。

1　学校教育法と幼稚園

　現行学校教育法の幼稚園にかかわる規定を2007年に改定されたところを中心に逐条的に見ることとする。
　第22条　幼稚園は、義務教育及びその後の教育の基礎を培うものとして、幼児を保育し、幼児の健やかな成長のために適当な環境を与えて、その心身の発達を助長することを目的とする。
　ここでは、幼稚園の位置づけを「義務教育及びその後の教育の基礎を培うもの」とすること、及び「幼児の健やかな成長のために」の文言が追加された。いずれも教育基本法（平成18年法律第120号）第11条において「幼児期の教育は、

生涯にわたる人格形成の基礎を培う重要なもの」と位置づけられたことをうけている。

第23条 幼稚園における教育は、前条に規定する目的を実現するため、次に掲げる目標を達成するよう行われるものとする。
一　健康、安全で幸福な生活のために必要な基本的な習慣を養い、身体諸機能の調和的発達を図ること。
二　集団生活を通じて、喜んでこれに参加する態度を養うとともに家族や身近な人への信頼感を深め、自主、自律及び協同の精神並びに規範意識の芽生えを養うこと。
三　身近な社会生活、生命及び自然に対する興味を養い、それらに対する正しい理解と態度及び思考力の芽生えを養うこと。
四　日常の会話や、絵本、童話等に親しむことを通じて、言葉の使い方を正しく導くとともに、相手の話を理解しようとする態度を養うこと。
五　音楽、身体による表現、造形等に親しむことを通じて、豊かな感性と表現力の芽生えを養うこと。

一で「日常の習慣」が「基本的な習慣」に改められた。二では「家族や身近な人への信頼感」「規範意識」が、三では「生命及び自然に対する興味」「思考力」が、四では「日常の会話」「相手の話を理解しようとする態度」が、五では「豊かな感性と表現力の芽生え」が新たな文言として追加された。ここでも家族、規範意識、生命など新教育基本法（第2条、第6条、第10条）の規定を踏まえている。

近年、いわゆる「小一プロブレム」の存在が指摘され、小学校に入学した一年生が「授業中勝手に歩き回る」「先生の話を聞かない」などの問題が生じているが、ここで「基本的な習慣」「規範意識」がいわれていることは、それへの対応ともいえよう。

なお、改訂前の目標規定は「達成に努めなければならない」であったのが「達成するよう行われるものとする」となり、努力義務から達成義務へと高められている。

第24条 幼稚園においては、第二十二条に規定する目的を実現するための教育を行うほか、幼児期の教育に関する各般の問題につき、保護者及び地域住民その他の関係者からの相談に応じ、必要な情報の提供及び助言を行うなど、家庭及び地域における幼児期の教育の支援に努めるものとする。

本条は2007年に新たにおかれた条文である。従前から地域において、地方自治体のセンター、保育所、児童館、公民館、NPOなどとともに幼稚園においても「子育て支援」が行われてきた。幼稚園において園庭の開放、在園児と未就園児の交流、保護者の教育相談への対処、おもちゃづくり、絵本の読み聞かせ、などといったことは従前から行われていたことであるが、本条によって幼稚園には地域における子育て支援をする努力義務が課せられることとなった。

　第25条は、「幼稚園の教育課程その他の保育内容に関する事項は、第22条及び第23条の規定に従い、文部科学大臣が定める」とあり、新しい幼稚園教育要領は2008年3月28日に公示されている。なお、学校教育法施行規則第37条では「幼稚園の毎学年の教育週数は、特別の事情のある場合を除き、三十九週を下つてはならない」と教育週数の下限を定めている。

　第26条は、「幼稚園に入園することのできる者は、満三歳から、小学校就学の始期に達するまでの幼児とする」と入園資格年齢を定めている。実際の幼稚園就園率は3歳児で38％、4歳児で53％、5歳児で57％と推定されている。

　第27条は、第1項で「幼稚園には、園長、教頭及び教諭を置かなければならない」と規定している。第2項では「副園長、主幹教諭、指導教諭、養護教諭、栄養教諭、事務職員、養護助教諭その他必要な職員を置くことができる」とある。今回の法改正で「置くことのできる」職員の種類が増加した。今のところ、幼稚園に主幹教諭、指導教諭を配置しているところは少ない。

　他に、**第42条**（第28条で幼稚園に準用）で、幼稚園は「教育活動その他の学校運営の状況について評価を行い、その結果に基づき学校運営の改善を図るため必要な措置を講ずることにより、その教育水準の向上に努めなければならない」とされ、学校評価を行うことが義務付けられることになった。学校教育法施行規則第66条により、自己評価の結果は公表義務があり、同第67条により学校関係者評価は公表の努力義務がある。同第68条で評価結果は学校設置者に報告するものとされる。

　第43条（第28条で幼稚園に準用）で、幼稚園は「保護者及び地域住民その他の関係者の理解を深めるとともに、これらの者との連携及び協力の推進に資するため、……教育活動その他の学校運営の状況に関する情報を積極的に提供するものとする」となった。保護者・地域住民といった外部関係者による評価や学校評議員制度がうまく機能するためには、学校参加者に必要な情報提供がいきわたっていることが前提となる。学校に関する知識、意識、また評価を行うにあ

たっての責任感を高める必要性があることを留意しなければならない。

　他に近年、幼稚園教育法制に関して行われた法改正に関しては、地方教育行政の組織及び運営に関する法律第47条の5がある。それによって「学校運営協議会」を置くいわゆる「コミュニティ・スクール」が設置可能となったが、幼稚園でその指定を受けているのは2008年4月の時点では17園ある。また、2007年の教育職員免許法の一部改正で、幼稚園教諭免許についても更新制の対象となった。

2　フランスにおける幼稚園（保育学校）教育法制

　フランスにおいて、幼稚園にあたるものとしては保育学校（école maternelle）がある。フランスの教育法典第321-2条では、「幼児学級、保育学校において行われる教育は、読み書きの早期学習を必修とせず、子どもの人格の目覚めをすすめる。それは学習の困難さを予防し、障害を見つけだし、不平等を是正することを目指す」とあったのにつづけて、2005年新教育基本法（フィヨン法）第24条によって教育法典第321-2条に「保育学校の教育的使命は知識の基礎への道具の最初の接近を含み、子どもに小学校における基礎的学習の準備をさせ、社会生活の原則を学ぶことにする」との文言が追加された。保育学校の教育内容は、教育要領（programmes）によって規定されるが、それは2008年に改訂が行われた。そこでは、教育の目標は「各々の子どもに適切なやり方で自立させ、小学1年生で基礎的学習に成功するために知識、技能を身につけることである」とある。保育学校教育内容に関しては、「言語表現を身につける」「文字表現を発見する」「生徒（élèves）になる」「身体で動き、表現する」「世界を発見する」「知覚する、感じる、想像する、創造する」の6領域となった。[2]「知識、技能」が重視されることとなり、特に年長組において小学校におけるフランス語や算数などの学習との連続性が意識されている。小学校の準備期間として学習を行う場所としての位置づけが高まったといえる。保育学校において既に「通信簿」が存在する。「社会生活の原則」として、「生徒になる」という項目が新設され、「他者や集団生活のルールを尊重すること」「人のいうことを聞き、助け、協力する。助けを求めること」「自分に自信を持ち、感情をコントロールすること」「大人、大人の役割を認識すること」「自分で簡単な仕事ができ、学校活動において役割をもてること」「自分の理解したことを言えること」が目標とされる。[3]

3 今後の課題と展望

　学校教育法改正によって幼稚園教育においても規範意識が強調され「きまりの必要性などに気づき」という文言が教育要領に登場するようになったが、フランスにおいても「生徒になる」ことは「共同生活の規則を尊重する」ことが目標とされる。およそ共同生活には「きまり」や「ルール」は必要と思われるが、それが強調されている点で日仏にある程度の共通性があるといえよう。幼児期の教育を「人格の形成の基礎」と位置付ける日本と「小学校における基礎的学習の準備」とするフランスという相違点もある。

　ところで近年、都市化や少子化、核家族化などがすすむとともに、保護者同士の交流は少なくなり、身近に相談する相手がいなくなり、子育ての「孤立化」が生じているといわれている。

　2000年に児童虐待防止法が施行されて、通報義務が課されるなど虐待に関する意識は高められようとしているにもかかわらず、児童相談所に寄せられた虐待相談の処理件数は1993年に1611件であったのが、2004年には3万3408件にまで増加している[4]。もちろん、虐待をする親はごく一部にすぎず、また通報される頻度が上昇していることも推定される。しかし、親の社会的孤立化が一因となっている、孤立化という時代状況が反映されていることは否定できないであろう。特に幼児教育においては、保護者同士が「ギスギスした関係」や「自子中心主義」的状況が蔓延していることを小野田正利は指摘している[5]。

　そういった状況のなかで、幼稚園も自己評価のみならず、保護者・第三者による評価を行う方向で法改正が行われた。

　幼稚園評価が教職員にとって、「文書作成の手間を増やすだけ」、あるいは「ただの形式だけ」に終わるのか、よりよい教育をしていくための一助となるのかなどは今後の運用次第である。外部評価、第三者評価の導入により、制度上は保護者・地域との連携が強化されることとなった。しかし、幼稚園に参加する主体を幼稚園・地域・保護者間の「子育ての共同化」をすすめるに足るような知識や意識、責任を高めるために情報開示や啓蒙活動などの努力も必要かと思われ、社会全体で「子育ての人垣を構築するという視点」を大切にしていく必要があるといえよう。

注
1) 子どもと保育総合研究所編『最新保育資料集2008』ミネルヴァ書房、2008年、5頁。
2) B.O., hors-série No. 3, 2008, pp.12-16.
3) Ibid., p. 14.
4) 日本弁護士連合会子どもの権利委員会編『子どもの虐待防止・法的実務マニュアル（第3版）』明石書店、2006年、15頁。
5) 小野田正利『親はモンスターじゃない！』学事出版、2008年、186頁、参照。なお、同書副題で「イチャモンはつながるチャンスだ」とあることにも注目しておきたい。
6) 中谷彪「学校教育の経営とその視点」中谷彪・伊藤良高編『学校教育のフロンティア』晃洋書房、2007年、5頁。

参考文献
赤星まゆみ「フランスにおける幼小移行の問題」『日仏教育学会年報』第14号、2008年、7-15頁。
赤星まゆみ「3歳以上すべての子どもの学校」泉千勢・一見真理子・汐見稔幸編『世界の幼児教育・保育改革と学力』明石書店、2008年、89-108頁。
財団法人日本私立幼稚園幼児教育研究機構編『私立幼稚園の自己評価と解説』フレーベル館、2006年。

第5章 新幼稚園教育要領・新保育所保育指針がめざすもの

　2009年度より、文部科学省「新幼稚園教育要領」と厚生労働省「新保育所保育指針」が同時に実施され、幼児教育にとって大きな変動を迎える。1956年作成後、1964、1989、1998年に改訂された幼稚園教育要領は、今回が4度目の改訂になる。また、1965年に保育所保育のガイドラインとして作成され、1990、1999年に改訂された保育所保育指針は、今回が3度目の改定(国は、今回から「改訂」でなく「改定」と表現)である。

　今回の改訂(定)は、教育基本法の改正(2006年。以下、改正された教育基本法を「新・教育基本法」と表記)、認定こども園の創設(同年)、食育基本法の制定(2005年)などの制度上の改正や、子どもを取り巻く家族形態や地域社会などの社会環境の急激な変化を受けて行われている。本章では、幼児教育の基本となる幼稚園教育要領と保育所保育指針のこのような改訂(定)の背景と内容を概観することで、今後の新たな幼児教育の方向を探っていきたい。

1　改訂(定)の共通した社会的背景

　近年、幼児教育をめぐる社会環境は大きく変化している。これを理解する重要な観点として、その背景にある子どもを取り巻く社会や家庭環境、また子育てに関わる状況として、主に以下の4点を挙げることができる。

　① 少子化、核家族化、都市化の急激な進行
　都市部を中心に日本の家族構成が大きく変化し、核家族化する一方で、子ども数の減少が問題となってから久しいが、依然として対応策が見つからないまま現在にいたっている。女性の社会進出や地域社会の連携の弱体化など、さまざまな要因が複雑に重なったと考えられる現象は、容易に解決できるものではない。

　このような子どもを取り巻く環境の変化は、これまでの幼児教育の基盤と

なってきた家庭や地域社会の教育力を低下させるとともに、社会的な幼児教育機能の充実がより強く求められる社会背景にもなっている。

② 子どもの生活の変化

これらの社会的変化は、子どもたちの具体的な日々の生活にも重要な影響を与えている。たとえば、家族構成では、兄弟姉妹がいないいわゆる一人っ子は、保育所や幼稚園に就園するまでは、本格的な集団生活の経験がほとんどなく、核家族の中で主に両親との関係で成長する。また、祖父母にとっても数少ない孫となり、これらの周囲の大人の子どもへの関わりにおいて、同世代の子ども集団における葛藤を乗り越えて育つ社会性と同質の成長を期待することは難しいと思われる。

子どもの心の発達の面でも、物にあふれる豊かな社会の中で、必要なものはもちろん、欲しいものが容易に与えられる環境は様々な影響を与えている。子どもの物を大切にする価値観を喪失させるだけでなく、困難に対面して葛藤する経験の減少につながり、忍耐や創意工夫を必要とする機会が少なくなっている。

また、子どもの食生活に目を向けると、欧米の食文化や外食産業の普及、食習慣の変化が、日本の子どもたちの食と健康に新たな課題を生んでいる。近年の急激な食習慣の変化は、家庭の食のあり方を転換させて、偏食、過食、孤食などの広範囲における様々な現象として顕在化し、個々の家庭の問題として解決できない社会問題になっている。

③ 子育て不安の増加と養育力の低下

核家族化と地域社会における連携の弱体化がもたらした最も大きな変化として、世代を超えて地域でこれまで受け継がれてきた、子育てに関する知識や技術が継承されない結果もたらされた、親の養育力の低下があげられる。このような環境における親の子育て不安の問題が、とりわけ若い親の子育て不安の問題が大きな課題となっている。若い親は子育ての経験が浅く、身近に相談できる相手がいない状況では自信をもって子どもと向き合うことは難しい。特に社会や地域とのつながりが薄い場合には、マスコミや文献などの画一的な情報だけに頼ることになり、そのことでさらに不安が増幅されると、個人差の大きな幼児期の特性を十分に理解できないことになる。

④ 就労支援として保育ニーズ

女性の社会進出がもたらした最も大きな社会的要請として、保育のニーズが

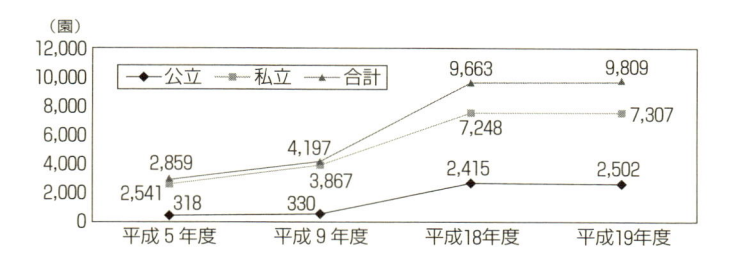

	平成5年10月1日現在		平成9年8月1日現在		平成18年6月1日現在		平成19年6月1日現在	
公　立	318	5.2%	330	5.5%	2,415	44.6%	2,502	46.5%
私　立	2,541	29.5%	3,867	46.0%	7,248	87.6%	7,307	88.1%
合　計	2,859	19.4%	4,197	29.2%	9,663	70.6%	9,809	71.7%

図5-1　預かり保育の実施幼稚園数（平成19年6月1日現在、文部科学省）
注）実施率は、幼稚園（平成19年度学校基本調査）に占める預かり保育を行っている割合.

ある。核家族化により祖父母の保育支援が難しい家庭が増え、地域における保育所等の社会的な保育支援のニーズが飛躍的に高まっている。今後さらに加速する女性の高学歴化と社会進出の結果として、これまでの児童福祉の観点からの保育所の機能をさらに拡大した、就労支援としての保育の充実が、喫緊の社会問題となっている。

　就労する親にとって、安心して自分の子どもを預けることのできる保育施設が身近にある環境は、社会参加を保障する重要な機能として最も需要が高いものの1つにあげられる。受け入れ数でみても地域によって格差が生じているが、全国的には十分な供給には至っていない。このような絶対数の確保と併せて、早朝や夜間などの就労形態の多様な親の状況への対応としての預かり保育などの充実も必要である[2]（図5-1参照）。

2　新幼稚園教育要領のポイント

　2008年の学習指導要領の改訂では、改訂の基本方針として次の7つの改善の方向が挙げられている[3]。

① 新・教育基本法等を踏まえた改訂
　教育の基本的な枠組みにかかわる法令改正等の制度改革が行われており、内容と趣旨を盛り込んだ。
②「生きる力」という理念の共有
　前回の改訂で取り入れられた「生きる力」に関して、必ずしも十分な共通理解がなかったことで十分な成果が得られなかったとして、今後も重要な理念として変わりなく位置づけ、更なる共通理解を図る。
③ 基礎的・基本的な知識・技術の習得
　PISA[4]やTIMSS[5]といった国際学力調査の結果や、近年の学力問題に対する対応として、基礎基本に重点をおく指導を行う。
④ 思考力・判断力・表現力等の育成
　基礎的・基本的な知識・技術の習得と併せて、基礎基本を応用して思考、判断、表現する力を育成する。
⑤ 確かな学力を育成するために必要な授業時数の確保
　基礎的・基本的な知識・技術と思考力・判断力・表現力を育成するために必要な授業時数を確保するために、科目全体の授業時数を増加させ、科目間ではバランスをとって増減を図っている。
⑥ 学習意欲の向上や学習習慣の確立
　学力の向上と継続には、学習意欲の向上と学習習慣が重要になる。わかる授業や楽しい授業につながる授業形態や技術の工夫など、教師の授業力の向上が求められている。
⑦ 豊かな心や健やかな体の育成のための指導の充実
　家庭や社会の教育力が低下している中で、学校教育における心の教育の道徳教育や、生活の基本となる健康を維持する体育や食育などの役割が重要視されている。

　これらの教育全体の重点項目は幼稚園教育の内容にも具体的に反映されている。特に幼稚園教育要領の改訂として挙げられている内容は、次の3点に整理することができる。

① 発達や学びの連続性及び幼稚園での生活と家庭などでの生活の連続性の確保
　就学前教育として、家庭と幼稚園、幼稚園と小学校の継続を、子どもの発達

と環境の連続性を十分に確保することが重要になる。そのために、家庭、地域、小学校との連携を図り、教育内容の関連や情報の交換などの共通理解と協働が求められる。

② 計画的な環境の構成

指導計画は、「一人ひとりの発達の実態をとらえて幼稚園生活を見通すこと[6]」が基本となる。幼児の具体的な興味や関心を通して発達の実態を理解し、示されたねらいや内容に沿って発達の過程を見通して、生活に即した指導計画を作成する。教師の役割として最も重要なその具現化は、適切な環境の構成である。

③ 子育て支援と教育課程に係る教育時間の終了後等に行う教育活動の内容や意義の明確化と適切化

地域の実態や保護者の要請により行われる子育て支援の活動や教育時間の終了後等の教育活動は、幼児の実態把握と家庭や地域との連携が重要になる。保護者との緊密な連携や、子育ての情報交換の場を設けるなど、ともに子どもを育てる意識の共有を図ることが重要である。また、幼児の心身の状態を十分に配慮し、幼児期にふさわしい無理のない教育計画を立て、地域の施設設備、人材、資源などを十分に活用して、実施日数や時間なども弾力的に扱うことが大切である。

3　新保育所保育指針のポイント

2009年度実施の「新保育所保育指針」は、「新幼稚園教育要領」と同様に、幼児期の教育を位置づけた新・教育基本法第11条、次代の社会を担う子どもの環境整備を行う次世代育成支援対策推進法（2003年）の制定、幼児教育を総合する認定こども園制度の創設、食を教育に位置づけた食育基本法[7]の制定などの内容と趣旨を盛り込んでいる。さらに、児童福祉法改正（2003年）による保育士の保護者に対する保育指導業務の規定・国家資格化は、専門職としての保育士の在り方を大きく方向づけるものである。

これらの制度上の改正を受けた「新保育所保育指針」の主な特徴は、次の3点に整理できる。

① 今回の告示化を受けて、規範性がより明確になった（児童福祉施設最低基準第35条）。

② 指針の大綱化を図り、基準としての規定内容を基本的なものに限定し、保育現場の裁量を拡大した。
　③ 保育課程に基づいた、計画、実践、評価の過程を基本にした。

また、これらの特徴をより具体化すると、次の4点にまとめることができる。

　① 保育所の役割の明確化
　「養護と教育を一体的に行う」という保育所の役割を明示し、国家資格化された保育士がその専門性を発揮する。地域の関係諸団体との連携を図りながら、地域の子育ての中心的役割を果たす。
　② 保育内容の改善
　0歳児から6歳児までを対象とする保育所では、誕生から就学までの長期的視野をもって子どもを理解する必要がある。家庭から就園、卒園から就学という生活と発達の連続性を踏まえた保育内容が求められる。
　③ 保護者の支援
　保育士の専門性を生かし、保護者への子育てに関わる助言や実質的な支援など、保護者自身の養育力の向上に資する支援が重要である。核家族化し地域の連携が希薄になった社会において、保育所が地域の子育て支援のネットワークに積極的に関わり、また、その推進役として、保育所と保育士に地域の保育を支える役割が期待されている。
　④ 保育の質の向上
　これらの期待される役割を担うためには、個々の保育士の専門性の確保が重要となる。保育環境の改善とともに、保育士の保育知識と技術の向上のための研修、行動計画に基づく自己評価と検証、これらを踏まえた改善が重要である。

　これまでの保育所保育指針の位置づけは、保育所における保育の内容やこれに関連する運営等について定めたものであり、すべての子どもの最善の利益のため、全国の認可保育園が一定の保育水準を担保するための仕組みとされているが、「新保育所保育指針」は全体としてその性格をさらに強めたといえる。

4　改訂（定）の意義と幼児教育の方向

　2009年度に同時に実施される幼児教育の基準である「新幼稚園教育要領」と

「新保育所保育指針」は、所轄や目的の違いを超えて、現在の子どもを囲む社会情勢と教育改革の動きを反映している。

　幼児教育は家族の在り方が大きな要素を占めるが、少子化、核家族化、都市化の影響により、子育ての基盤である家庭や地域が教育力や養育力を衰退させてきた現状は、幼稚園や保育所に地域における子育て支援の役割機能を要請している。今回の改訂(定)は、このような幼児教育の現状と特性を踏まえて、環境構成や発達の連続性をさらに重視するとともに、教師と保育士の専門性の向上を図り、教育・保育の質を確保するための計画性と基準性が強調されている。

　このような改訂(定)によって、幼児教育を担う幼稚園や保育所には、教育・保育ニーズに直接応えるだけでなく、地域の子育てネットワークや日常の相談・助言活動を通して、地域や親の子育て能力の向上を図る積極的な役割が期待されているといえよう。

注
1）　合計特殊出生率（厚生労働省調べ）は、1.32（2006年）、1.34（2007年）。
2）　預かり保育以外には、放課後児童クラブ（学童保育）などがあげられる。
3）　文部科学省『幼稚園教育要領解説』フレーベル館、2008年、3頁。
4）　経済協力開発機構（OECD）の国際学力調査（Programme for International Student Assessment）。
5）　国際教育到達度評価学会（IEA）の国際学力調査（Trends in International Mathematics and Science Study）。
6）　文部科学省、前掲書、196頁。
7）　「就学前の子どもに関する教育、保育等の総合的な提供の推進に関する法律」（2006年）。

参考文献
厚生労働省雇用均等・児童家庭局保育課『改定保育所保育指針研修会テキスト』2008年。
民秋言編『幼稚園教育要領・保育所保育指針の成立と変遷』萌文書林、2008年。
文部科学省『幼稚園教育要領解説』フレーベル館、2008年。

第6章　子どもの生活環境と保育方法・技術

　現代は、大人だけでなく、子どもの生活にも ICT (Information and Communication Technology) 社会の影響による生活スタイルの変化がさまざまに見られるようになって久しい。遊び1つとっても、ゲーム遊びといえば「テレビゲーム」や「電子ポータブルゲーム」にとってかわられていたり、子どもの姿そのものも、外で遊ばない子どもや、夜更かしをしてしまい朝起きることができない子どもが増えていたりするという報告が数多くなされている。さらに、近年では、子どもによるケータイ（携帯電話によるインターネット利用）を使ったいじめや犯罪などの（に見られるような）問題も起きてきている。
　本章では、このような社会における幼児教育・保育のあり方とこれからの保育者に必要な保育観や保育技術について、「子どもとメディア」と「保育現場におけるメディア利用」の2点から考察したい。

1　ICT 社会の進展と課題

　総務省が2004（平成16）年3月から政策統括官（情報通信担当）の懇談会として「ユビキタスネット社会の実現に向けた政策懇談会」を開催し、2010年に実現する新たな日本の社会の姿として「u-Japan」を定義した。この2004年は、増大するコミュニケーションの重要性に鑑み、「IT (Information Technology) 社会」から「ICT (Information and Communication Technology) 社会」へと名称を変更した年でもあり、同年8月には『ICT 政策大綱（ユビキタスネット社会の実現へ向けて）』を発表した。当時、総務省からさまざまな ICT 社会への政策についての発表があったが、その1つである『「ユビキタスネット社会の実現に向けた政策懇談会」中間とりまとめの公表（報道資料）』ですでに「日本に ICT が社会基盤として急速に定着しつつあることを背景として」と書かれているが、2010年の日本の社会においては、「いつでも、どこでも、何でも、誰でも」ネットワークに簡単に接続でき、それらが統合された新たな ICT 環境の整備によって、医

療福祉や交通物流、環境・エネルギーといった国の課題が解決された状態、すなわち「ユビキタスネット社会」の構築の実現を目指しており、具体的に「2010年までに国民の80％が『ICT が課題解決に役立つと評価する社会に』『ICT への安心感を得られる社会に』という政策目標」を掲げている。

2008年6月25日に発表された総務省の「国内における ICT（情報通信技術）の活用状況と環境整備の現状を評価する調査報告書」においても「国民の82％が『IT は社会に役立つ』と実感している」という結果が報告されている。

しかし、同時にこの調査報告書には、「ICT の利用環境への安心感を得ているのはわずか23％で、特に『サイバー社会に対応した制度・慣行の整備』、『新たな社会規範の定着』に対する評価が他の分野に比べて低い」ことも明らかにされている。

一方、学校教育現場においても、情報教育を推進してきたが、その内容の中心は「メディア活用の能力・技術の習得」から「メディア活用におけるモラルやマナーの習得」に変化しつつある。パソコンを中心としたメディア活用が主であったが、2007年頃からは、中学校、高等学校だけでなく、小学校においても携帯電話の利用に関する授業の重要性が叫ばれ、その実践が少しずつ行われるようになってきた[1]。このことは、パソコンをはじめとするメディアが子どもの生活に充分浸透したことと、同時にその利用に関する社会規範の定着が急務の課題であることを示している。

2 ICT 社会における子どもの姿

ICT 社会における情報教育の重要性、特に、メディア活用におけるモラルやマナーの習得に関しては、現代の日本を見ると、決して小学校以上の児童だけの問題ではないと考える。小学4年生以上の子どもの4～5人に1人は携帯電話を保有している時代に入り、また、その保有開始時期についても低年齢化が見られる[2]。図6-1を見ると、携帯電話の保有開始時期は、どの年齢の児童も、回答時の年齢で携帯電話を保有した傾向があることが分かる。これは、携帯電話の保有はある年齢に達したら購入・保有するということではなく、携帯電話の普及という社会の波の影響を大きくうけているということである。また、アンケート回答時に小学校5～6年および中高校生だった子どもと小学校3～4年生の子どもとの大きな違いとして、小学校3～4年生の子どもの保有開始時

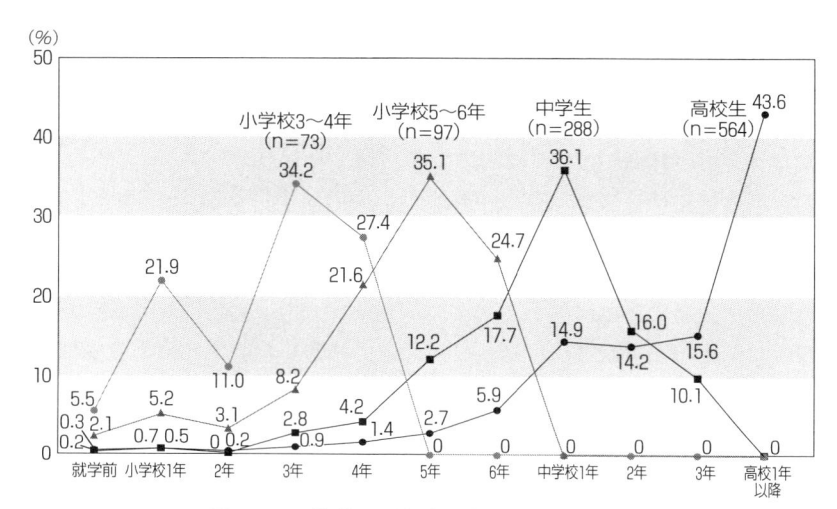

図6-1　携帯電話保有開始時期（単回答）

出典）モバイル社会研究所『モバイル社会白書2007』NTT出版，2007年，64頁．

期の約20%、すなわち5人に1人が「小学校1年生」であることが分かる。この結果を踏まえても、今後、子どもの携帯電話利用に関する問題について、幼児期だけは関係ないとは決して言い切れないのではないだろうか。

　幼児期の子どもに直接、携帯電話の利用について指導するということは現実的には考えにくいが、2008年改訂（定）の「幼稚園教育要領」および「保育所保育指針」にも保育者としての仕事の重要事項として明記されている「保護者支援」「子育て支援」や「保幼小連携」の1つとして、子どもとメディア（特に携帯電話）とのかかわりについて、保護者会で話し合ったり、時には小学校などと連携したりしながら、保護者への理解を求めるような指導・援助について探る必要があると考える。

　ここで、幼児・児童の携帯電話利用についての支援を考える前に、子どもの遊びとメディア、また、保育現場でのメディア利用についての優れた実践事例をいくつか概観したい。

3　ICT社会における幼児教育・保育（1）
——子どもの規範意識の育成と仲間作りを意識した実践——

　名古屋柳城短期大学附属瑞穂幼稚園（現在は閉園）では、2000年の秋から、職

員室にあった1台のコンピュータを園児たちに開放した[3]。先生たちもコンピュータに精通しているわけではなく、また、1台なのでケンカにならないかという不安もあったが、園児数も少なく、4月からの仲間作りも上手くいっていたこともあり、先生の目の届く職員室で、開放時間を登園時および降園時の自由時間に制限するなら大丈夫だろう、という判断のもとでの開放であった。

　瑞穂幼稚園では、保育室の廊下をはさんだ向かいに職員室があり、職員室の戸を閉めていない限りは、園児たちが自由に入って来ることができる環境になっていた。そんな職員室の戸を開けたらすぐそこに、パソコンが子どもたちを出迎えてくれるように配置した。これは、当時の園長先生の「子どもたちにとって、職員室はドキドキするちょっと大人の空間だから、入りにくいけどこうやって入りやすくすることで、子どもたちのちょっと大人になった気分とか、ドキドキ感を大切にしてあげたい。それだけではなく、職員室を例として大事な部屋や大人の社会は、ルールやマナーがちゃんとしていないと入ってはいけないということを教える大事な場になる」という考え方を、そのままコンピュータ遊びにも応用したものであった。

　実際に、子どもたちは、戸を閉めている職員室に無理に入ってまでパソコン遊びに没頭することもなく、大人の社会のルールやマナーをつかみながら、子どもたちどうしでパソコン遊びを自由時間に楽しんでいた。そして、たまに見られる1人でパソコン遊びをする子については、必要以上に不安になってパソコンから引き離す保育ではなく、なぜ1人で遊ぶのか、その背景を保育者が考えて対応することが非常に重要であることが明らかになった。たとえば、子どもが1人で遊ぶ理由には、幼稚園への不適応なのか、また、友達どうしのケンカによるイライラを解消するための一時的な避難なのか、また、どうしても自分なりにパソコン上で実現したい課題（絵を完成させる、クイズにすべて答えるなど）があり、その課題達成までの集中を示すものなのか、などが存在した。それぞれの状況によって、保育者は、その子どもを見守るのか、援助するのか、また、その子どもだけでなく、周りの子どもに対しての働きかけはどうするのかを考えることになり、結果的に、園の子どもたちの人間関係を構築する重要な援助へと発展していった[4]。

　「幼稚園教育要領」でも、領域「人間関係」において、幼児の人間関係に関する側面の発達とその援助について明記されているが、この実践からは、子どもに規範意識を自然に身につけさせる工夫がなされていること、そして、子ど

もの仲間作りのために、ただ「みんな仲良く」「みんなで一斉に」と遊びを進めるだけではなく、「子どもが1人で遊ぶ」という場面を保育者が排除せずに、課題としてその意味を捉えなおすことで、普段の保育を見直し、よりよい仲間づくりをめざしていることが分かる。

4 ICT社会における幼児教育・保育（2）
——幼小連携・自己表現力やコミュニケーション能力の育成をめざした実践——

もう1つの例として、大阪府の千早赤阪村の村立こごせ幼稚園の事例を紹介したい。この事例は、こごせ幼稚園だけでなく、同じ村立の4つの小学校（赤阪，千早，小吹台，多聞）および千早中学校という、6校園によって共同研究されたものである。情報教育に関してのテーマは「コミュニケーション能力を育てる」であり、特に幼小連携として「パソコンの教えあいでの交流」「手紙と併用したビデオレターの作成による交流」などが行われた。

幼稚園での情報教育に関する活動は、4～5歳とも年間20時間程度で、小学校の生活科や総合的な学習の時間などに合わせて交流が行われていた。幼稚園での目標のポイントは、小学校での情報教育の目標とは異なり、遊び道具・自己表現の道具の1つとして考えていることが報告書より分かる。主に、（1）園児として、人間関係・言語表現・感性・生活等の総合的な向上をめざす、（2）幼稚園生活全般から家庭に至るまで、情報でのコミュニケーション能力の育成を図る、（3）「慣れ親しむ」だけではなく、自己表現の意欲の育成、友達とのかかわる力を育て、共同作業の大切さを知る態度、自分と違う考えがあることを知り、それを尊重し、認める（個人の考えとみんなの考えを大切にする）態度を育てることを大事にする、の3点が挙げられる。

これらの目標の達成のために、幼小連携によるパソコン活動だけでなく、デジタルカメラを子どもに活用させることで、子どもが自分の興味や関心に沿った表現を行うだけでなく、友達の表現したものを全員で見ることで、新たな気づきや発見を促したりするような保育活動を実践している。また、自分の興味や関心を振り返る活動にもデジタルカメラが活躍していた。「ICT教育＝パソコン」という考え方ではなく、幼児期の子どもに合った活動とメディアを保育者が選択し、子どもがメディアを使っての活動を保育者が通常の保育に即して援助することで、子どもの表現力を支えたり、子どもの交流を促したりしてい

ることが分かる。

5 ICT社会における幼児教育・保育におけるまとめと課題

　パソコンを保育や遊びに取り入れている幼稚園や保育園は存在し、各園によってさまざまな実践がなされている。優れた実践に共通することは、「取り入れる前に充分な吟味がなされている」ことと、「取り入れた際の子どもたちの姿を常に評価し、保育者が普段の保育と切り離さずに考えている」ことである。これは、先生の援助は子どもたちの興味や思いを満足させながらでないとうまくいかないことがあるという考え方を大事にし、固定的で通俗的な考えを捨て、自由な発想で、子どもたちの興味やドキドキ感を大切にした心と目で、もう一度子どもたちを見直すという、幼児教育や保育の基本に立ち返っていることである。逆に言えば、普段の保育がしっかりしていなければ、メディアを活用した遊びや実践を導入しても必ず失敗するだろうということも示している。

　幼児教育や保育では、子どもたちを「見守る」こと、「援助する」ことの重要性についてはいつの時代でも問われているが、いつ「見守る」のか、いつ「援助する」のか、また、「見守る」とはどのように行うことなのかを保育者は理解しておかなければならない。そのためには、何が必要なのか、どのような環境を構成するかを考えるとともに、その際、子どもにとってふさわしくない環境をただ排除する方向に進むのではなく、社会の状況に応じて考える機会も必要であると考える。実践事例と社会の現状、園を離れた子どもたちの生活環境、メディア活用の実態から、子どものメディア利用についてどう考えるかを問い直すことが大切である。

　例えば、「なぜ子どもたちは電子メディアゲーム機で遊ぶのか」について考えるのもよいだろう。また、園だけではなく、家庭や地域でどのような遊びが流行っているのか、また、なぜそれを子どもたちが楽しいと思うのかについて、ただ否定するのではなく、その理由を探ることが、子どもへの保育に重要な示唆を与える契機となるであろう。

　また、伝承遊びなど、昔から子どもの成長や発達を促すようなよい遊びをなぜ今の子どもたちがしないのかについても考えてみるとよいのではないだろうか。例えば、知らないだけなのか、また、地域で外遊びができる環境が少なく

危ないからだろうか、など、さまざまな要因が見えてくるはずである。小学校の生活科では、昔の遊びを体験する実践も多く、幼稚園や保育所でも伝承遊びを経験する機会を作っているところも増えてきている。幼小連携の実践へのヒントにもなるだけでなく、自分の幼児教育・保育を見直す契機となるであろう。

　特に近年では、子どもの携帯電話利用についても考えるべき時代となってきたことは前節で述べたとおりである。幼稚園や保育園では、保護者向けの園バス到着情報配信サービスや保育動画配信サービスも行われているし、子どものおもちゃとして携帯電話のモックアップ（店頭などで販売用に置かれている模型）の古いものが利用されているところも少なくない。携帯電話は保護者だけでなく子どもにとっても身近なものになってきている。今までに述べた「子どもへの保育技術」だけではなく、「保護者支援や幼小連携につながる保育技術」がいよいよ必要となってきた。幼稚園教育要領でも「保護者との連携」や「幼小連携」を大事にする保育への転換が明記されている中、子どもの携帯電話保有開始時期から考えても、幼児期から「いっしょに考えよう、ケータイは必要？」などといったテーマ[8]で保護者と共に子どもの生活や環境を考える機会を作ることは今後重要になるであろうと考える。そのためには、保育者はインターネット社会を安全に利用するために必要な法律や知識を正しく理解し、家庭での子育て支援に有効な手立て（例えば、家庭での携帯電話使用に関するルール作りとその徹底の方法についてなど）を保護者が考えることができるように援助できるようになることも大切である。幼稚園教諭免許取得に必要な「教育の方法・技術」という科目では、「メディア利用を含む」ことが前提となっているが、幼児期にはメディアは必要ないからと保育者がただ文書作成や表計算に利用することだけにとどまるのではなく、メディア社会で生きていくマナーやルール、法律や知識を理解することで、現代および未来の社会に生きる保育者としての資質向上に役立てることが大切であろう。

　また、メディア社会で必要な知識、例えばフィルタリングの理解と実施の有効性などといった知識や技術的な側面だけでなく、ネット社会の中にしか準拠集団を持てない子どもや、ネットや携帯電話への依存を引き起こす集団の同調圧力、また個人の持つ承認欲求が満たされていないなどといった、子どもに対しての心理的な側面からの理解も必要であろう[9]。依存せざるを得なくなるほどの子どもの思いや現状を知ることで、幼児期のうちに、人と人とが顔をあわせて、からだ全体を使ってコミュニケーションを図ることの大切さを実感させる

ことを大事にする一方で、子どもが現在の生活環境の中で危険なめにあうことなく生きていけるように大人が援助できるネットワークを保護者とともに作っていくことが大事である。

　子どもの生活環境と保育環境のあり方を探る中で、ただ社会の状況を否定し、相反するばかりが子どもにとってよい環境なのかを考え、かつ、目の前の子どもを見る目と、子どもが置かれている社会を見る目を持つ、その上で自分の保育観を探り、保育技術を高めることがこれからの保育者および保育を考える際には必要があるのではないかと考える。

　注
1）　モバイル社会研究所『モバイル社会白書2007』NTT出版株式会社、2007年、82-87頁。
2）　同前、60-69頁。
3）　松山由美子「子どもと情報機器――幼稚園でのコンピュータ遊びからみる子ども達」梅村匡史・小川哲也編著『保育者・教育者のための情報教育入門』同文書院、2003年、94-99頁，参照。
4）　松山由美子「パソコンって、どんなもの？――コンピュータ導入による不安――」村上優編著『保育の創造を支援するコンピュータ』保育出版社、2006年、183-187頁，参照。
5）　堀田博史『緊急提言どう取り入れる？　どう使う？　幼児とメディア』学習研究社、2007年，参照。
6）　2008年現在、村立小学校は、赤阪小学校（多聞小学校と2007年度より合併）と、千早小吹台小学校（千早小学校と小吹台小学校が2008年度より合併）の2校である。
7）　大阪府千早赤阪村立学園『文部科学省（研究開発学校指定）平成19年度研究発表会研究報告書』2007年、70-105頁。
8）　テーマの例としては、モバイル社会研究所が2006年10月に発行した「みんなのケータイ2」や、e-ネットキャラバン運営協議会が現在「e-ネット安心講座」で使用している「基本テキスト」や「安心インターネットライフ★ガイド改訂版」が参考になる。
9）　この点については、藤川大祐『ケータイ世界の子どもたち』講談社、2008年に詳しい。

参考文献
佐野正弘『大人が知らない携帯サイトの世界』毎日コミュニケーションズ、2007年。
モバイル社会研究所監修『子どもとケータイQ＆Aで学ぶ正しいつきあい方』リックテレコム、2008年。

コラム1
▶幼稚園の現場から
　　　——心育ての大切さ——
　希望に満ちた暖かい春、幼稚園の園庭では卒園、進級を控えた子どもたちがドッチボールや追いかけっこ、縄あそび、砂場あそびと友だちや教師とかかわりながら遊んでいる。「友だちと遊ぶのは楽しいね、おもしろいよ、もっと遊びたい」と一人一人の表情からは伺える。この目の前にいる澄んだ瞳の子どもたちには様々な可能性と輝かしい未来がある。きっと大人になればそれぞれに活躍するのだろうと思うと、とても楽しみである。しかし、私たちの身の回りには凶悪な事件、自殺などが毎日のように報じられ、とても悲しい結果となっている。今後そのような事件が多々起こってくると、私たちは「またか」と、人ごとのようにあまり関心を示さなくなるのではないかととても怖く感じられる。何が人々の心を荒ませているのか、今、私たち大人は子どもたちの為に、何をすればいいのかを考えなければならないと思う。
　現在、少子化社会で育つ子どもたちには基本的な生活習慣の欠如、食生活の乱れ、自制心や基盤意識の希薄化、運動能力の低下、コミュニケーション能力の不足、小学校生活にうまく適応できないなど様々な課題が指摘されている。子どもたちの周辺にはメディアが溢れ、テレビ、パソコン、ゲーム等での屋内の遊びが多く、画面に集中して遊んでいる子ども同士の対話がほとんどなく、また子どもの成長に悪影響を与える様々な情報が自然と頭の中に入ってくる現状もある。しかし、このような現実に子どもの将来の危機を感じ、意図的に自然との触れ合いや戸外遊び、高齢者などの幅広い世代の人たちとのかかわりを経験させるようにしている保護者もありうれしく感じる。
　幼児期の教育は生涯にわたる人間形成の基礎を培う重要なものであると教育基本法に示されているように、この幼児期により豊かな体験をしていくことが必要であると思われる。
　幼稚園生活においては、友だちと生活する中での葛藤体験や、互いの思いを出し合ったりしながら遊ぶ経験を大切にしている。また、自然体験や意図的に異年齢、地域の人、高齢者の人等とのかかわりの機会を多くもつようにしている、人とかかわる事により心が育ち、また、さまざまなかかわりの中で人に感謝する気持ちも育つ。以前親が給食費を払っているのに、給食の時間に「いただきます」「ごちそうさま」と言わなければならないのか、と疑問をもっている保護者があった。私たちが当たり前と思っている事がそうでない現実を目の当たりにして『感

謝の心』を保護者にも知らせていく必要があると思った。また、幼稚園で実践している「心育て」を日頃から機会を見つけて伝えてはいるが、保護者に十分浸透していなかった事を反省する。私たち保育者は子育てと共に親が親として育つ支援を今後も引き続き行うとともに、教育する上で大切にしていかなければならない「不易と流行」の不易の部分を常に心に置き保育を推進していきたいと考える。ここに園だより（３月）の中から抜粋したものを紹介する。

　……保護者の皆様へ、保育の中の食育の一端ですが、給食の時間に『いただきます』『ごちそうさま』の挨拶をします。給食として子どもたちの前に出されるまでには、たくさんの命と手間と時間がかかっています。まず私たちが生きるために魚・牛豚・鳥などの命や野菜・果物をいただきますが、それらを大切に育てている人や献立を考える人、その材料を調理する人や保護者の方、それぞれの人の心と願いが子どもたちに「たくさん食べて大きくなってね」と懸けられているのです。その事に感謝する気持ちの表われが、『いただきます、ごちそうさま』なのです。親が給食費を支払っているのになぜ幼稚園で『いただきます』を言うのかと思われる方もありますが、『いただきます、ごちそうさま』の挨拶は、子どもたちの「人に対する感謝の気持ち」心育てをしているのです。給食後は、当番さんが給食室に食器を持って行き洗浄してもらう人に『ごちそうさまでした、よろしくお願いします』と挨拶をします。私たちの生活の中では、互いに助け合い生活をしています。これから、成長していく子どもたちに思いやりの心が育つよう、大人は子どものモデルになり、お世話をかけた人に気持ちを寄せ『ありがとう』の感謝の一言を心掛けてもらえればと思っています。後になりましたが、保護者の方には、毎日幼稚園に送り迎えをしてくださいました。毎朝、お子さんを送り出すまでにはいろいろ大変なご苦労もあった事と思われます。一年間、幼稚園にご協力をいただきありがとうございました。　感謝

　今、この目の前にいるスポンジのようなやわらかな心をもつ子どもたちに、様々な体験の中で、人とかかわる素晴らしさを感じさせ、人に対する信頼感や思いやりの気持ちの芽生えを培う事が、幼児の心育てにつながるのではないだろうか。特に幼児期には心に響く豊かな活動を多く経験させる事が大切であり、側に共感する仲間や教師がいる事でよりよい成長につながる。また、保護者に対しては、幼児期の特性やその教育など適切な情報をその都度提供しながら家庭と園との信頼関係を深める取組や、幼稚園が核となり保護者と地域を繋ぐ取組の推進に今後

も努めたいと考えている。

コラム2
▶保育園の現場から
　　　　——保育園は小さなサプライズがいっぱい——

　保育園には、子どもたちが生まれて初めて見るはらはら・どきどきする光景がいくつもあり、また、子どもたちは、心に響き、心に染み入るわくわく・きらきらする出来事を毎日のように体験している。

　桜の花びらが、春風に乗ってひらひらと舞いながら、くるくる回って落ちていく不思議な光景。だんご虫が草の間や枯葉の下からのそのそと這い出してくる、楽しい光景。大雨の日、ホースのような雨どいから雨が一直線に滝のように流れ落ちてくる、ダイナミックな光景。

　ツバメの赤ちゃんが巣の中から出てきて、親鳥に「ぴーぴー」とえさをほしがるほほえましい光景。せみが"みんみん"大合唱をする声に励まされ、「今日はせみを取るぞー！」と元気が出てくる光景。園庭にホースで水をまくと、きれいな虹ができる幻想的な光景。

　水をやり、「大きくなってね！」と声をかけながら大切に育ててきたなすび、きゅうり、ピーマンが、野菜畑から収穫できたときのうれしい光景。同時にそれを食べることに対しての、命の大切さ、食べ物に対する感謝の気持ちを実感として感じることのできる体験。

　絵本の世界に入り込んで、主人公になりきり、空想の世界へ冒険に行ったり、見たことのない世界で様々な体験をしたりする、わくわく・どきどきする体験。

　たくさんのお友だちと一緒にゲームをしてはらはら・どきどきしたり、水遊びや散歩、ダンスをしたりして、うきうきする体験。また、たくさんのお友だちとの楽しいひと時、お友だちとのトラブルや葛藤を乗り越える体験。

　たくさんの大人に愛され、見守られ、すくすく育つ体験。自分で好きなおもちゃを選び、自分のやりたい遊びが集中してできる環境のある光景。

　その一つ一つの光景や体験を、子どもたちは心と体に響かせ、驚き、感動し、歓声を上げ、生きる力の糧にしている。

　2009年4月から、「新保育所保育指針」が施行される。保育現場では、この保育指針をどのようにとらえ、いかに各保育所の保育実践、子育て支援、園運営に反映させていくかが大きな課題となっている。

　今回の改定で大きく変わった点として、保育指針が大綱化・告示化されたことで、最低基準として法的拘束力を持つことになった（といわれている）点があげられる。それに伴い、「保育所の役割の明確化」と「保育の質の向上」などがキー

ワードとなり、保育所の役割として、「健全な心身の発達を図り、子どもの最善の利益を考慮し、その福祉を積極的に増進することに最もふさわしい生活の場でなければならない」、「子どもの状況や発達過程を踏まえ、保育所における環境を通して、養護及び教育を一体的に行うことが特性である」、「入所する子どもの保育、入所する子どもの保護者への支援、地域の子育て家庭に対する支援を、倫理観に裏付けられた専門的知識、技術及び判断をもって、行う」などが挙げられている。「保育の質の向上」においては、子どもの発達の道筋を見通した保育実践や子どもの健康、安全の確保、食育の推進、小学校との連携などについて、全職員の連携・協力による計画的な実施を重視している。

一方、大幅に簡素化されたものの、「発達過程」への着目や、養護が基礎となった教育の展開など、さらに重視されているものとして、「子どもの発達」「保育の内容」についての部分がある。これらの部分をしっかりと読み取り、理解することが、子どもの基本的な発達のニーズを満たし、一人一人の子どもの主体的に育とうとする力を支えていくことになり、新保育指針を理解することにもつながるのである。

保育園の毎日の生活の中で、子どもたちが何を考え、何に夢中になり、何に心を動かされているか等をしっかりと読み取り、また、保育園での日常の生活の中に、どのような意味があり、どのような目的があり、どのような方法がとられているのかについて、子どもの具体的な姿に絡めて、機会があるごとに保護者にもわかりやすく丁寧に伝えることは、「保育の質の向上」、「保育所の役割の明確化」につながるのではないかと考えている。

子どもの心や体の育ちをしっかりと読み取り、理解する、そのきっかけは、日常の小さなサプライズの中にあるような気がしている。

第7章 幼保一元化の可能性と展望
——認定こども園を中心に——

　幼稚園と保育所は、行政の管轄が異なり、制度的に別のものとして存在している。しかし、どちらも就学前の保育・幼児教育施設であり、対象年齢でも3歳児以上が重なるなどよく似た実態がある。そこで、両施設を制度的に1つにしようというのが幼保一元化であり、長きにわたって論じられながら今日まで実現していない。

　本章では、まずはそのような歴史的経緯に触れて、しかし近年幼稚園と保育所の合築や両保育者の合同参加の研修がむしろ奨励されるなど、流れは幼保一元化に向かっているように見える現状を概観する。そのうえで、両施設の機能を併せ持つとされる認定こども園の登場とその背景について解説し、幼保一元化の可能性と展望について言及したい。

1　戦前における幼稚園と保育所の関係

　一般に、日本における近代的幼稚園は、1876年の東京女子師範学校附属幼稚園に始まるとされる。一方、保育所は、それよりだいぶ遅れて、1890年の新潟静修学校附設保育所とされる。前者が華族や高級官僚など経済的に恵まれた家庭の子どもが実質的な対象であったのに対して、後者は私立学校に通う貧しい家庭の子どもの弟妹を教師の妻が善意で預かったことに始まる。すなわち、両施設はきわめて対照的な起源を有するものであった。

　しかし、幼稚園を所管する文部省側の見解としては、必ずしも貧富の差によって対象幼児を区別しようとするものではなかった。貧困層の子どもで両親が養育できない場合は簡易幼稚園に入園を認めるものとし、1892年には女子高等師範学校（東京女子師範学校の後進）に附属幼稚園分室が設けられ、保育料無徴収で午後3時頃まで労働者層の子どもを保育した。

　簡易幼稚園は、その頃の幼稚園が「都会ノ地ニ非サレハ之ヲ設クルコト能ハス又富豪ノ子ニ非サレハ之ニ入ルコト能ハサルノ感」（文部卿代理九鬼隆一による

各府県学務課長及び学校長に対する示諭、1882年）がある中で、「幼稚園ニハ又別種ノモノアリ」（同）として、「群児街頭ニ危険鄙猥ノ遊戯ヲナスルモノ」（同）に関する対策を含みつつ、幼稚園の開設と就園を進める意図で構想されたものである。従って、附属幼稚園の場合でも、分室は本園に比べて施設設備に大きな違いがあるなど差別的な印象を拭えないが、制度的には幼稚園はもともと相当に幅広い層の子どもを対象としていたことがわかる。

その後、1926年に幼稚園関係の最初の勅令として幼稚園令が出されたが、ここでも「父母共ニ労働ニ従事シ子女ニ対シテ家庭教育ヲ行フコト困難ナル者ノ多数居住セル地域ニ在リテハ幼稚園ノ必要殊ニ痛切ナルモノアリ」（「幼稚園令及幼稚園令施行規則制定ノ要旨竝施行上ノ注意事項」文部省訓令第9号、1926年）として、保育時間は早朝から夕方に及んでもよいものとした。対象年齢についても「特別ノ事情アル場合ニ於テハ」「三歳未満ノ幼児ヲ入園セシムルコトヲ得」（幼稚園令第6条）とし、柔軟な姿勢を示していた。

一方、保育所は、民間篤志家（とくし）による救貧的な事業によるところが多く、ちなみに公立保育所の登場はようやく大正時代になってからである。法令的には、1938年の社会事業法第1条に託児所が初めて規定され、「政府ハ社会事業ヲ経営スル者ニ対シ予算ノ範囲内ニ於テ補助スルコトヲ得」（第11条）とされるに至った。管轄としては内務省、後にそこから分かれた厚生省（1938年設置）であったが、制度的な整備は十分といえなかった。

戦時中は、戦地に取られた男性労働力に替えて女性労働力を確保するために、幼稚園が戦時託児所に切り替えられるなどし、幼稚園と保育所は接近するかに見えた。しかし戦後、前者は学校教育法（1947年）による学校の一種、後者は児童福祉法（1947）による児童福祉施設の一種として、むしろ幼保二元制が定着することとなった。所轄官庁は、前者は文部省（2001年から文部科学省）、後者は厚生省（2001年から厚生労働省）である。

2　幼保一元化を巡る戦後の動き

戦後一時期、厚生省側には、保育内容が同じであれば保育所でも幼稚園としても認めるという二枚看板論があった。しかしこれは進まず、管轄する行政機関同士のいわゆる縄張り争いにより、むしろ両施設は目的を異にするものとして別個に存続することとなった。そして、財政的理由から保育所入所児童の抑

制が図られて、1951年には児童福祉法が改正され、入所児童が「保育に欠ける」子どもに限定されるなど、法的には両者の機能の違いがむしろ明確化されていった。

ところが実態は、幼保の区別はかなり曖昧であった。保育所は「保育に欠けるその乳児又は幼児を保育することを目的とする施設」（児童福祉法第39条1項）であり、すなわち、保護者の就労や病気等により昼間家庭で子どもの面倒が見られない場合に入所できる施設であるにもかかわらず、そのような理由がない子どもが在籍していたり、保育時間も通常保護者が仕事を終えるまでの時間とは思えないほど早く終了する場合があった。

これに対して、当時の行政管理庁は、1975年に「幼児の保育及び教育に関する行政監察結果に基づく勧告」を出して、両施設が地域的に偏在する状況などを指摘し、文部・厚生両行政の連携・調整の必要性を指摘した。それを受けて、文部省と厚生省は1977年「幼稚園及び保育所に関する懇談会」を発足させたが、両施設には目的や機能、役割の違いがあって一元化は難しいとの見解を示すに止まった。

一方、保育現場における保育内容は、幼稚園と保育所でますます差をなくしていったように思われる。一般に、保育所が救貧、慈善的な事業として行われていた戦前は、教材の確保や遊具・玩具の用意など幼稚園以上に十分といえなかったが、その点も戦後少しずつ改善が進んできたものといえる。

この点の行政側の動きとしても、文部省の「保育要領」（1947年）は厚生省側の人材も加えて作成し保育所での使用が考慮されたし、1963年には両省共同通知「幼稚園・保育所の関係について」が出され、保育所でも3歳以上の幼児については幼稚園に準じて幼稚園教育要領に基づく教育が行われることとなった。

そして、制度的な二元制の中でも、具体的なやり方は様々だが、個々の施設レベルあるいは自治体レベルでの幼保一体化の試みが行われた。例えば、神戸市立多聞台幼稚園・多聞台保育所（1967〜75年）、北須磨保育センター（神戸市、1969年〜）、大阪府交野市立あまだのみや幼児園（1972年〜）などは代表例であろう。他にも、秋田県では県の応援により70年代から公立の数か所で取り組まれた実績がある。

すなわち、制度的には二元制であるが、保育内容的には幼保は接近しており、現場あるいは自治体レベルで幼保一体的な運営が行われてきたのである。その

意味で、幼保一元化問題に関しては、実質的に制度よりも保育内容や運用の実態が先を行ったともいえる。しかし、会計管理が別々であったり、形式的には幼保施設の線引きが必要だったりして、事務が繁雑になることは避け難かった。

ところが、90年代以降、地方分権・規制緩和の政策的流れの中で、事態は変化を見せている。まず1996年の地方分権推進委員会第一次勧告は「幼稚園・保育所の施設の共用化等、弾力的な運用を確立する」ことを打ち出した。これを受け、文部・厚生両省も1998年に「幼稚園と保育所の施設の共用化等に関する指針」を出した。多様なニーズに応えるために、両施設の共用化、職員の兼務などの弾力的な運用を認めるというものである。

総務省は同年「児童福祉対策等に関わる行政監察結果報告書」の中で、いわゆる幼稚園の預かり保育、地域や保護者の意識変化などをあげて、両施設に差異がなくなっていることを指摘し、制度面の整合性の欠如を問題視している。さらに同年、文部・厚生両省は「子どもと家庭を支援するための文部省・厚生省共同計画」を策定して、幼保両施設の保育内容の整合性の確保、保育者研修の合同開催、人的交流の推進などを検討課題としている。

加えて、経済企画庁の国民生活審議会総合企画部会「多様な生活選択に関する研究会」報告(1998年)、経済産業省「男女共同参画に関する研究会」報告(2001年)、行政改革推進本部の規制改革委員会第一次答申(2001年)など、幼保関係の見直しや連携を求める行政側の動きは続く。そして、2002年には構造改革特別区域法により、特例措置として特定地域で幼保の垣根を低くする動きが現れた。3歳未満児の幼稚園入園、幼稚園での幼稚園児・保育所児の合同活動、保育所への私的契約児の弾力的受け入れなどである。

3 認定こども園と幼保一元化

ところで、これまで述べた90年代以降の行政側の動きは、基本的には幼保二元制を前提としており、むしろ両者の柔軟な連携を図るものであった。しかしそこから一歩踏み出す構想として、2005年4月に始まった「就学前の教育と保育とを一体として捉えた一貫した総合施設」モデル事業があった。

これは、2003年、経済財政諮問会議の「経済財政運営と構造改革に関する基本方針2003」(骨太の方針2003)の中で提起されたものであり、幼稚園でも保育

所でもない第三の保育・幼児教育施設として「総合施設」が構想されたことによる。そして、2005年度に全国35カ所でモデル事業が行われ、2006年3月の総合施設モデル事業評価委員会の評価まとめを待って制度化された。

　2006年6月の「就学前の子どもに関する教育、保育等の総合的な提供の推進に関する法律」により同年10月からスタートしたが、それは当初計画された第三の施設ではなく、やはり現行の幼保二元制を前提にあくまでも幼稚園あるいは保育所の機能の問題として、施設名を認定こども園として成立した。

　その具体的なあり方としては、① 幼保連携型（認可幼稚園と認可保育所とが連携して、一体的な運営を行うことにより、認定こども園としての機能を果たすタイプ）、② 幼稚園型（認可幼稚園が、保育に欠ける子どものための保育時間を確保するなど、保育所的な機能を備えて認定こども園としての機能を果たすタイプ）、③ 保育所型（認可保育所が、保育に欠ける子ども以外の子どもも受け入れるなど、幼稚園的な機能を備えることで認定こども園としての機能を果たすタイプ）、④ 地方裁量型（幼稚園・保育所いずれの認可もない地域の教育・保育施設が、認定こども園として必要な機能を果たすタイプ）の4類型が設定された。

　幼保二元制は、むしろ大人の都合によって子どもを2つの施設へ選別するものとも考えられ、このような子どもの権利論的視点から幼保一元化を望む議論が続けられてきた。あるいは、幼稚園と保育所の機能の違いを強調すると、1つの地域に両施設が必要ということになるが、財政的にそれが難しい町村も存在する。少子化の進行に伴い両施設を維持することが困難なところも少なくない。この点、認定こども園は好ましいものにも見えようが、実際には多くの批判が行われている。

　例えば、午前中4時間程度の保育時間は「教育」、それ以外は「保育」と区別することに関して、本来就学前の子どもの生活はそのように分断されるものではないとの保育関係者の批判がある。やはり一日の前半を幼稚園教諭、後半を保育士の分担と割り切ったとしたら、これまでの保育界の実践の蓄積が反古にされたに等しいとの印象が拭えない。また、保育所機能の利用まで園との直接契約となることは、家庭の経済状況次第で子どもの保育が保障されないことも起こり得るとの危惧を抱かせるものである。

　近年の保育界における大きなトピックとして、保育所の民営化、保育の市場化の問題がある。そこには、財政的に苦しい状況を抱える国や都道府県・市町村が、子どもの保育保障よりも財政事情を優先させる姿が見て取れる。これと

合わせ考えると、必ずしも少子化の進行と相俟って、不合理な現状の二元制を超える道筋として認定こども園があると解することはできず、従来の保育制度、子どもの発達保障、保育の保障のための体制を後退させることになるかもしれない。

　認定こども園は、2008年4月1日現在、229件に達している。幼稚園1万3723カ所（2007年5月1日現在）、保育所2万2720カ所（2006年10月1日現在）から見れば少数であるが、数を増していることも事実である。省庁の壁を越えて幼保一元化が真に実現するかどうかにわかに判断することはできないが、その方向に向かっていると見ることはできる。しかし、背景に保育の市場化への動きが存在することから、今単純に幼保一元化を歓迎するわけにはいかず、この点十分な警戒が必要であろう。

参考文献

伊藤良高・中谷彪・浪本勝年編著『現代の幼児教育を考える〔改訂新版〕』北樹出版、2007年。
大阪保育研究所編『「幼保一元化」と認定こども園』かもがわ出版、2006年。
上笙一郎・山崎朋子『日本の幼稚園』理論社、1965年。
杉山隆一『保育の「市場化」と公的責任』自治体研究社、2008年。
全国保育団体連絡会・保育研究所編『保育白書2008年版』ひとなる書房、2008年。
中山徹・杉山隆一・保育行財政研究会編著『幼保一元化──現状と課題──』自治体研究社、2004年。
野津牧・青砥ハツ編、さめがわこどもセンター著『さめがわこどもセンター誕生物語──"幼保一元化"と過疎の村の選択』ひとなる書房、2008年。
森田明美編著『幼稚園が変わる　保育所が変わる──自治体発：地域で育てる保育一元化』明石書店、2000年。
文部科学省・厚生労働省幼保連携推進室ホームページ　http://www.youho.org/
文部省『幼稚園教育百年史』ひかりのくに、1979年。

コラム3
▶幼保一体化施設の現場から
　　　——足立区のチャレンジ——

　幼保園が誕生して2年目の2005年4月、私は2代目の園長としておおやた幼保園に着任した。3～5歳児が対象で、毎日の保育時間が5時間前後であった幼稚園での教員生活を30年近く続けていた私にとって、1～5歳児までの子どもが在籍し、登園から降園まで1日の保育時間が8時間を超える子どもも多い幼保園での生活は、新たな発見や感動そして戸惑いの連続であったことを今懐かしく思い出す。

　東京都足立区では、2003年7月「あだち幼児教育振興プログラム」を策定した。このプログラムの具体的な執行体制の1つが、乳幼児保育・教育の実践研究園である幼保一元化施設「おおやた幼保園」である。足立区には180を超える公私立幼稚園・保育園があり、これらの幼児教育施設の枠を超え、連携・協力のもとに足立区の幼児教育の充実・発展を目指したのである。

　年齢区分型で、制度上は1～3歳児までは保育所として、4・5歳児を幼稚園として認可を受けており、その上で一貫した育成方針に基づいた一体的運営を行っている。3～5歳児には、担任として幼稚園教諭と保育士を配置し、専門分野を活かしたティーム保育を目指した。まさに、保育に欠けている、欠けていないという枠組ではなく、「地域の子どもを地域で育てる」を目標とし質の高い保育の提供を考えたのである。そして、具体的な保育の実践に向けて、幼稚園教諭と保育士がティームとなるローテーション勤務を取り入れた。このローテーション勤務は、当たり前のこととしてとらえる保育士に対して、幼稚園教諭にとっては衝撃的ともいえる大きな変化であった。園児が登園している日に出勤していない時間や1日があり、早朝の保育や土曜日の保育は、幼稚園教諭の生活そのものにも大きな影響を及ぼしたのである。しかし、現在、幼稚園教諭と保育士が互いの専門性を生かしあいながら、日々保育に生き生きと取り組む姿を目の当たりにし、園運営上の基盤となる重要なシステムであることを実感している。

　おおやた幼保園は開園時、隣接する中川東小学校と共に足立区の教育課題研究推進校としての指定を受けた。幼稚園教育要領・小学校学習指導要領の改訂、保育所保育指針の改定が行われた現在、重要な教育課題である幼・保・小の連携に視点を当てた研究を進め、区内の公私立保育園・幼稚園・小学校へ積極的に保育を公開し、足立区の幼児教育の充実に向けての力も発揮している。

　保育所・幼稚園のこれまで積み上げられてきた歴史や文化の違いの中でまだま

だ課題は山積しているが、日々の実践こそ最大の研修の場であると考え、全職員一丸となり、保育に取り組んでいる。
　保育所、幼稚園というそれぞれの枠組の中での保育・教育は、子どもも保護者も保育者もいわば同質の中での営みであり、一面で捉えればこれまでの積み上げられた歴史の中で理にかなっているとも言える。
　しかし、幼稚園・保育所の一体化施設は、現在、子どもたちも保護者も保育者も、社会の大きな変化の中で失われつつある人と人とのつながりや、自分とは違う相手の状況を受け止めあいながら暮らすことの豊かさや楽しさを実感できる施設であるように思えてならない。幼稚園においても長時間の保育が求められ、保育所における幼児教育に焦点が当てられている現在、「子どもにとっての保育・教育」という原点に立ち返って考えるまたとない機会ではないだろうか。

第8章 保幼小の連携の展開と問題点

　保育所・幼稚園・小学校の連携（以下、「保幼小の連携」とする）が1つの教育課題として注目されたのは、1995～1996年頃に言われるようになった小学校1年生の「学級崩壊」である。以後、小学校以前の幼児教育はどうなっているのかという疑問の声が続き、その原因について様々な議論がされると共に、保幼小の連携の必要性が認識され、様々な研究や実践が行われている。現在、保幼小の連携が展開されてはいるが、「その場の感情や一時的な衝動にまかせた言動が多い、集団生活におけるルールが成り立ちにくい、学習を進めていける集団として、学級がまとまりにくい」等という小学校側からの声が続いている。こうした保幼小の連携をさらに本格化させたのは、国の政策上における保幼小の連携の明確化である。

　本章では、最近の国の政策における保幼小の連携の明確化の過程についてまとめた後、保幼小の連携の取組の現状を把握し、その展開における問題点及び課題について考察する。「協同的な学び」や「子どもの発達と学びの接続」という連携のキーワードとして注目され、研究及び実践がなされている「プロジェクト型保育」と言われるイタリアのレッジョ・エミリアのプロジェクト学習に関する研究及び実践の事例を重点的に取り上げることとしたい。

1　国の政策における保幼小の連携に関する明確化

　2001年の文部科学省の「幼児教育の振興に関する調査研究協力者会合」の報告において連携の具体的な例が示されたことにはじまり、2005年1月にまとめられた中央教育審議会の答申「子どもを取り巻く環境の変化を踏まえた今後の幼児教育の在り方について」の中では、近年の幼児の育ちの変化について指摘しながら、保幼小の連携に取り組むことを求め、より具体的に連携の内容を明示した。

　文部科学省が、上記の答申の基本的な考え方に基づき作成したものが「幼児

教育振興アクションプログラム」（2006年10月）である。そこには幼児の発達や学びの連続性を踏まえた幼児教育の充実が強調されており、幼稚園と小学校間の長期にわたる派遣研修もしくは人事交流（各都道府県において少なくとも１例以上）を実施することを施策の目標とすることや、小学校教育との連携・接続の強化として、幼稚園における小学校以降の生活や学習の基盤を培う指導、特に５歳児を対象とした「協同的な学び」の実施を充実させることなど、より具体化された対策が示されている。さらに、地方公共団体については、幼小連携のモデルカリキュラムを策定するなどの各種支援に努めることなど、地域行政側の支援についても言及している。また、地方公共団体は幼稚園教員と小学校教員の授業理解・保育参加・授業参加などを通して共同研修の実施に努め、国はその仕組みや研修内容などについてのガイドラインを策定することなどと画期的な連携の推進事項を明記している。結果、これは幼小の連携の政策化・制度化を促すことになる。

　そして、学校教育法の改正（2007年６月27日法律第98号）において、幼稚園の目的を「義務教育及びその後の教育の基礎を培うものとして、幼児を保育し、幼児の健やかな成長のために適当な環境を与えて、心身の発達を助長することを目的する」と定め、従来からの幼稚園の目的の上に「義務教育の基盤助成及びその後の教育の基礎を培うための教育」が主たる目的として置かれるようになった。

　2008年３月に改訂された「幼稚園教育要領」（文部科学省告示第26号）では、幼稚園教育の基本について「学校教育法第22条に規定する目的を達するため、幼児期の特性を踏まえ、環境を通して行うものであることを基本とする」とし、教育課程の編成において「義務教育及びその後の教育の基礎を培う」ことが明記されている。また、指導計画の作成に当たる上での留意事項では、「幼稚園においては、幼稚園教育が、小学校以降の生活や学習の基盤の育成につながることに配慮し、幼児期にふさわしい生活を通して、創造的な思考や主体的な生活態度などの基礎を培うようにすること」と明示され、特に留意する事項としては「幼稚園教育と小学校教育との円滑な接続のため、幼児と児童の交流の機会を設けたり、小学校の教師との意見交換や合同の研究の機会を設けたりするなど、連携を図るようにすること」と連携の交流を図る内容が示されている。

　「保育所保育指針」に関連しては、2007年12月21日、保育所保育指針改定に関する検討会の報告書「保育所保育指針の改定について」の中で「小学校との

連携」について「保育所においても、幼稚園と同様に、就学に際して、市町村の支援の下に、子どもの育ちを支えるための資料が保育所から小学校へ送付され、活用されるようにすることが必要である」と提案されている。

　2008年3月に改定された「保育所保育指針」（厚生労働省告示第141号）の3歳以上児の保育に関わる配慮事項においては、「保育所の保育が、小学校以降の生活や学習の基盤の育成につながることに留意し、幼児期にふさわしい生活を通して、創造的な思考や主体的な生活態度などの基礎を培うようにすること」と明記されており、前述の報告書（「保育所保育指針の改定について」）の提案とおり、保育所保育指針の施行に際しての留意事項において「保育所児童保育要録」を就学先の小学校に送付するようになり（「厚生労働省雇用均等・児童家庭局長通知」2008年3月28日。雇児保発第0328001号）保育所での子どもの発達や学びの援助に関する情報が小学校に伝わるようになった。これは幼稚園では既に行われているもので、保育所と小学校との連携の視点から高く評価すべきものである。

　小学校教育に関する規定としては2008年に改正された「小学校学習指導要領」（文部科学省告示第27号）の第1章の指導計画の作成等に当たって配慮すべき事項の第12に「学校がその目的を達成するため、地域や学校の実態等に応じ、家庭や地域の人々の協力を得るなど家庭や地域社会との連携を深めること。また、小学校間、幼稚園や保育所、中学校、特別支援学校などとの間の連携や交流を図るとともに──中略──」と明記している。

2　保幼小の連携の展開

1　保育所・幼稚園・小学校の交流を中心とする連携

　保幼小の連携については、幼稚園や保育所が小学校の校庭を借りて運動会を行ったり、幼稚園と小学校が合同で運動会を行ったり、保育所の子どもたちが小学校のそれに参加したりするなど、行事の際に、地域社会の中で互いに施設が関わりを持つといったことは以前から行われていた。また、保育者と教師の交流としては、基本的に就学前後の年2回、子どもたちの様子を互いに伝えあうための交流として行われてきている。また、子ども同士の交流としては、園児たちの小学校1日体験や運動会参加があり、小学校の生活科や総合学習時間の地域交流として、子どもたちが保育所や幼稚園に来て一緒に遊びをするなどの交流が行われてきている。特に、1989年の小学校の学習指導要領の改訂によ

り設けられた小学校の生活科によって、交流を中心とする保幼小の連携の取組が増えてきている。また、総合的な学習の枠を活用した、地域とつなぐ保幼小の連携の合同交流が活発に行われるようになっている。

　最近の研究の中から取り上げると、2003年に北海道の各校園の幼稚園教諭262人、小学校教諭163人、総数425人を対象に調査したところ、幼稚園の75％、小学校の82％が年間1回から2〜3回の交流活動を行い、その内容は運動会や学芸会などの行事、就学時連絡会、保育参観・授業参観などであった。[6]

　また、愛知県幼児教育研究協議会が2003年度に県全域の保育所・幼稚園の保育者1108人と保護者728人、小学校の教員440人と保護者436人を対象に調査した結果では、合同研究及び研修などの保育者・教師の交流、行事中心の幼児と児童同士の合同活動、地域をつなぐ合同行事など多様な交流形態が見られている。しかし、内容別に見ると、保育者と教師の交流は、幼保小の連絡会などで行われる情報交換を含むと70％近くになるものの、子どもの姿や指導方法を直接見る交流は数少なく30％前後に止まっている。また、幼児と児童の交流の場合についても、行事の招待によって行われていて、保育者や教師が意図した交流は少ないと指摘している。[7]また、2007年度に大阪・鳥取・長野の3県の合計316園を対象にした調査結果を見ると、主に公立園では年数回の「行事交流」「定期的な話合い」の交流と、園側の努力としての「教育内容改革」を行われているものの、私立園では園側の努力として「教育内容改革」のみでとどまっている傾向が見られ、保幼小の連携に関する公立園と私立園の取組の差が見られたと指摘している。[8]

2　子どもの発達と学びの接続としての教育課程研究

　前記のような交流中心の保幼小の連携については、年に数回の行事を中心とする交流は一時的な交わりに過ぎないのではないか、子どもの発達と学びの連続性の側面における限界性があるのではないかという疑問を持ち、「協同的学び」をキーワードとする保育・授業の改善を図るためのカリキュラムが必要であるという声が高まっている。

　ここで最新の研究の取組の事例をあげると、玉置らは、「今までの研究においては子どもの発達と学びの連続性に関する理念が語られていてもその具体的なカリキュラムの具体的な現状にもとづいていない」と指摘しながら、調査対象の幼稚園の保育カリキュラムを、多様な接続の可能性を実証するデータとし

て分析しながら幼小の接続を図るための教育課程論的研究を行っている。

　また、教育課程の系統化を図るため、幼稚園と小学校の生活科を基軸とした教育課程の比較として「幼稚園教育要領」と「小学校学習指導要領」を関連項目別に分析し、教育課程の系統性を明らかにしている上杉らの研究があげられる。例えば、「環境にかかわることを通しての人格形成の基礎を培う」幼稚園教育の基本と、「具体的な活動や体験を通して自立への基礎を養う」という生活科の教科目標の系統性についての分析や、さらには幼稚園教育要領の各領域の目標やねらいと生活科の学年目標や単元の内容の系統性について分析を行っている。その分析結果を基準として「接続期」を設定し、教育課程を編成している[9]。

1）幼児教育と小学校教育をつなぐための「接続期」教育課程の編成

　お茶の水女子大学附属幼稚園・小学校・中学校・子ども発達教育研究センターの研究では、幼児が小学校入学に伴う生活環境の大きな変化を子どもたちが前向きに受け止め、安定して過ごすことができるように接続期を設定し、接続カリキュラムを計画・実践が図られている。ここでいう「接続期」とは、「人との関係や周囲の環境が大きく変化することに伴い、子どもたちの戸惑い・不安・時期・緊張などを、教師が丁寧に受け止め支えながら、教師や友だちとの豊かな関わりを基盤に、主体的に学ぶ姿勢を育む時期[10]」と捉えている。このように、接続期を作ることで、幼小をなめらかに接続していくことを基盤とすることと同時に、大きくなることを楽しみにしている子どもたちの希望や期待に応えていく必要性から幼・小の間にある段差が子どもにとって適度なものであり、乗り越えた時に自信につながっていくようなものであるという意味で、「なめらかな接続」と「適度な段差」を幼小接続研究のキーワードとしている。

　なお、「接続期」として捉える時期は、研究によって違いがあり、5歳児10月から3月までを前期・小学校入学からを中期・小学校1年7月までの後期に分けて設定されていたり[11]、幼稚園の5歳児3学期から小学校1学年1学期が接続期として捉え設定されているものもある[12]。

2）「協同的な学び」を生かしたプロジェクト学習の研究と実践への取組

　先行研究や実践報告では主にレッジョ・エミリアのプロジェクト学習を「協同的な学び」を生かした実践として捉え、研究及び試行されている。鳥光らは、「認識面を中核としてきた小学校教育と、生きる力の育成をメインに据えてきた幼稚園教育との融合点に、生きる力を育む生活科と、幼児期の知的発達を志

向するプロジェクト保育が位置付くようにし、両者を足がかりに幼小の連携を考えていくことは非常に意義深いことと考える」[13]とし、幼小の連携を志向するプロジェクト学習の開発・試行に取り組んでいる。

また、小1プログラムに代表される学ぶ姿勢や意欲の低下、自己主張はしても自己表現がうまくできない子が多くなっていることを指摘しながら、「話す力」・「聞く力」・「協同的な学び」を育てるカリキュラムの系統化の研究に取り組んでいる「香芝市幼・小教育課程系統性研究グループ」の実践を取り上げたい。

以下、筆者の研究グループへのインタビュー記録と実践報告を中心にまとめることとする。

○「香芝市幼・小教育課程系統性研究グループ」の取組事例[14]

現在の幼・小連携の取組として、① 子ども同士の交流、② 指導者の相互理解、③ 接続期のカリキュラムの連携、④ 家庭・地域との連携という四つの視点から展開しているが、ここでは、③ の幼児期に付けた力を小学校で活かす教育カリキュラムのあり方の研究として連携カリキュラムの取組について紹介する。

「話す力」・「聞く力」を育てる「表現活動」と協同的な学びの体験の「プロジェクト学習」を連携カリキュラム実践の基礎的な理論としているが、その構成は次の図8-1のとおりである。

「表現活動」は、話し手の話す言葉を聞こうとする意欲や態度を育て、言葉に対する感覚や言葉で表現する力を養うための環境づくりであると捉えている。表現活動では活動する前に自分の思いや考え、願いを表出する活動を大切にしている。

「プロジェクト学習」とは、幼児同士が共通の目的や課題に挑戦していくようなテーマを創りだし、協力したり工夫しながら解決していく活動である。幼児の思いや願い、考えを引き出して幼児が主体的な活動を展開することが大切であり、グループや学級全体で活動することにより「協同的な学び」や「達成感」を得ることがねらいである。以上の理論に基づき、同研究グループの指導のもと実践されたプロジェクト学習の事例を紹介する。

第 8 章　保幼小の連携の展開と問題点　65

表現活動とは

- 自分の思い・願い
- 表出する場
- 主体的活動 ⇔ 協同的な学び
- 獲得した内容を表出する活動
  発表会・話し合い等
- 「話す力」・「聞く力」を育てる
- コ ミ ュ ニ ケ ー シ ョ ン 力 を 育 む

プロジェクト学習とは
（5歳児後半頃より）

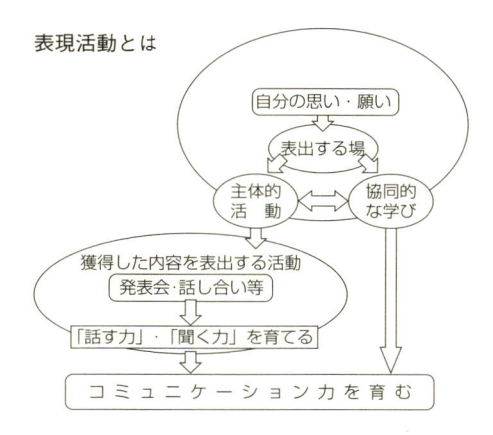

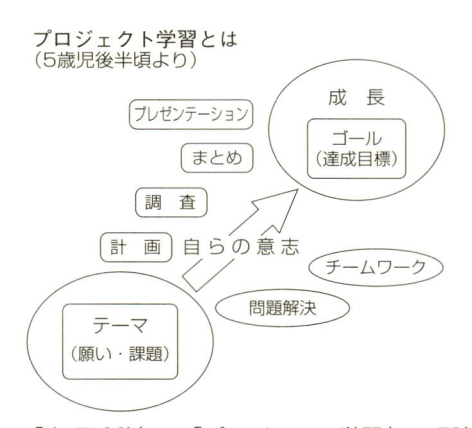

- プレゼンテーション
- まとめ
- 調査
- 計画　自らの意志
- テーマ（願い・課題）
- 成長　ゴール（達成目標）
- チームワーク
- 問題解決

図 8-1　「表現活動」と「プロジェクト学習」の理論構成図

・プロジェクト学習テーマ：「何を教えてあげたい？」

・対象：（2年保育5歳児）

　幼児たちは幼稚園内の自然環境と十分にかかわっており、普段からいろいろな発見をしていたが、さらにたくさんのことに気付いてほしいと思い、学級全体で探検してみることにした。探検した内容を伝えるために、幼児たちが親しんで活動できる対象（ドンキーナ）から手紙が来たという設定で活動が始まる。手紙に対する反応は予想以上で、次々に意見が出た。教師と一緒にどのようにしたらいいか考えていくうちに、幼児だけで話し合う様子が見られた。そのことをわかりやすく伝えるために、見

> つけてきた自然物や発見してきたことを、自分たちなりの表現で地図に表していった。また、ドンキーナに何を教えてあげたいか自分たちで言葉を考えて発表し、ビデオレターにして、送ることにした。
> 〈考察〉
> ○一番身近な自然環境とより深くかかわりをもつことで、今までと違う姿に見え、気付かなかったことに気付くことができるようになるのではないか、と考える。
> ○手紙形式にしたことにより、幼児がより興味をもち目的をはっきりとわかった上で、地図作りやビデオレター作りに取り組めた。また、幼児自身が意見を出し合い考えたことで、'自分たちで作り上げた'という意識をもつことができた。
> ○友だちの前で話すうちに、少しずつ自分の言葉で表現する様子が見られるようになってきた。今後、相手にわかりやすいような話し方ができるようにしていきたいと思う[15]。

　また、プロジェクト学習を展開していく過程において、保育者・教師の役割、即ち、子どもたちの自発的思考を発話させる教師の話しかけや自発的活動を促すための援助などにおいて教師の力量が要求される[16]。実践担当者である保育者たちのプロジェクト学習の展開における不安又は疑問などが報告されている。例えば、子どもの年齢や発達に適する方法や展開について不安感や疑問を持っている。また、「テーマ（本質）にせまりにくい・時間を保障しにくい」[17]などが上げられている。

　これについて、角尾は、プロジェクト学習は従来の保育者主導の単元活動と違って、プロジェクトの主題選び、子どもたちの探求と思考、その図像表現、関係性と対話において保育者の役割は子どもの自発的活動を促す援助をするなど、今までの保育方法だけでは困難であろうと述べ、「レッジョ・エミリア・アプローチを実際に実践している園もしくは指導者との関わり（例えば研修や講義の受講、ワークショップへの参加）なしには、この保育を資料や書物だけで理解し、実践するのは非常に困難であると考えられる」[18]と指摘している。このようなプロジェクト学習の実践における保育者・教師の力量の問題は今後の課題である。実際、日本では「レッジョ・エミリア」に関する文献の翻訳や研究がなされているものの、日本における実践化に関する研究は進んでいないと言える。保幼小の連携カリキュラム研究及び実践における今後の大きな課題の1つである。

3 保幼小の連携を推進する教育行政の新たな動向

　保幼小の連携の展開は、各地域によって教育委員会が主催となって行われている。最新の動向を知るため、早い時期（1964年）に「名古屋市幼児教育研究協議会」を発足し、公私幼保の保育に関する研究や、幼児教育と小学校教育の連携に取り組んでいる名古屋市教育委員会の担当者に筆者はインタビューを行った。

　名古屋市教育委員会の主唱により発足した「名古屋市幼児教育研究協議会」は、名古屋市内の公私幼保の各4つの団体（現在構成園468園）の代表者を中心に構成され、幼児教育・保育課題について協議しながら対応している。

　2008年3月に報告された保幼小の連携の推進状況を見ると、小学校との交流の中で、園児交流として運動会参観が対象468園のうち43％と一番多く、以下、小学生の園訪問、作品展参観、学芸会参観、小学校の授業参観、運動会参加、生活科と総合学習、児童会の行事への参加、給食の試食会の順で交流がなされている。ここでも連携の取組の難点の1つとして保育士及び教師の時間確保の問題が挙げられている。このような状況の対策として名古屋市教育委員会の2009年度の計画案では、幼小連携研究事業として、幼児と児童の交流として、行事、生活科、総合学習等での交流、教師同士の交流として公開授業、意見交換会、研修など、特別支援教育における連携などを実施内容として計画されている。さらに、教師の交流時間や打ち合わせ時間の確保として、教師が事業に参加する際に授業を代わり担当する講師の人件費などの経費が計上されている。この計画はまだ策定される前の段階であるため、具体的な予算額を提示することはできないものの、現在の取組状況からすれば策定される確立が高いと担当者は付言している。[19)]

３　問題点と課題

　以上のように、今までは保育所・幼稚園・小学校のお互いの必要に応じて行われてきた交流が政策化・制度化されることによって、本格的に保幼小の連携の交流として充実化されようとしている。また、研究者や現場の保育者・教師たちは交流を中心とする連携だけではなく、幼児教育から小学校教育へ滑らかに接続させるための系統性に基づいたカリキュラム研究や実践の試行が始まっている。このような保幼小の連携の展開において指摘し、問題点とそれに即し

ての課題についてまとめたい。

　第1は、交流を中心とする保幼小の連携の取組を充実していくことである。交流は主に行事を中心として保育者・教師間の交流、子ども同士の交流、保護者や地域をつなぐ交流などが行われているが、その取組状況は各地域によって異なり、公立園と私立園によっても取組の差が見られる。交流を中心とする保幼小の連携は、幼児教育から小学校教育へ滑らかにつなぐための土台を構築する意味において重要であり、今後さらに充実していくための連携システムの構築が課題である。

　第2は、先行研究や実践報告から、主に幼稚園を中心とする小学校との連携が展開されていると指摘できることができ、今までの「幼稚園教育要領」では幼小の連携が強調されているものの、「保育所保育指針」では重視されていなかったが、今度の改定において、はじめて重視されるようになったことである。現在、幼保一元化あるいは幼保一体型施設の設置などが推進されている中、今後は保育所も幼稚園と共に小学校との連携を推進していく必要があり、保幼小の連携の展開における課題である。

　第3は、交流を中心とする保幼小の連携の充実を基本とし、その上に表現活動やプロジェクト学習の事例をように、協同的な学び、子どもの発達や学びの接続を可能にする保育・授業内容や学習形態を創りあげていくことである。前述しているように、保幼小の連携における「協同的な学び」としてプロジェクト学習が取り入られ試行されている。これにかんがみ、2005年に文部科学省が刊行した「幼児期から児童期への教育」と題する指導書に提起されている「協同的な学び」の実践に関する考え方について、小田は、それはプロジェクト・アプローチの実践と同じ方向性を示していると指摘しており、また、角尾は、レッジョ・エミリアの保育からの示唆を受け、日本の保育文化のあり様を生かし、さらにカッツ（Katz.L.）などの「プロジェクト・アプローチ」の保育過程をシステム化し理解しやすくしている点に学ぶものがあるとしながらも、それらと一線を画し日本的でありたいとの意味も含めて「プロジェクト型の保育」[20]と名づけている。このように日本で実践可能なプロジェクト学習を生かしたカリキュラムの研究及び実践が必要ではないだろうか。まず、今までの日本の保育実践からプロジェクト化できる要素、例えば菜園作りや年中行事などが挙げられるが、現在の保育実践から生かせるプロジェクト学習の実践を、また、各地域や各学校・各園の環境に適した連携カリキュラム作りをしていくことが課

題であろう。

　第4は、保幼小の連携の展開における保育者と教師の時間確保などに関する支援政策である。連携の取組における難点について調査結果では保育所と幼稚園は45％、小学校は62％が時間確保をあげている[21]。保育者と教師たちは連携の取組について意識をしているものの、打ち合わせの時間や研修、また児童と園児の交流時間確保などが困難である状況である。保育者・教師間の交流時間が午後に設定されるとしても、小学校教師の場合は午後の授業があるなど代わりの教師が必要となる。

注
1）　川村登喜子編著『子どもの共通理解を深める保育所・幼稚園と小学校の連携』学事出版、2001年、11頁。
2）　香芝市立鎌田幼稚園『全国幼児教育研究大会第57回大会第3分科会――育てよう聞く力話す力――』2008年。
3）　角尾和子編著『プロジェクト型保育の実践研究――協同的学びを実現するために』北大路書房、2008年、12頁。
4）　中谷彪・伊藤良高編『学校教育のフロンティア』晃洋書房、2007年、45頁。
5）　鶴田眞理子（名古屋市山内保育園園長）とのインタビュー（2008年10月15日）。
6）　伊藤勝志他「幼小連携教育を推進するための基礎的研究」『北海道教育大学教育実践総合センター紀要』第5号、2004年、144-145頁。
7）　愛知県幼児教育研究協議会『子どもたちのすこやかな育ちを支える幼稚園・保育所と小学校の連携のあり方』愛知県教育委員会義務教育課、2005年、70-73頁。
8）　玉置哲淳他「幼・小の接続の幼児教育課程論的研究――幼小段差の視点から――」平成17～19年度文部科学省科学研究補助金基盤研究（C）研究成果報告書　2008年、37頁。
9）　香芝市幼・小教育課程系統性研究グループ「幼児期から児童期を滑らかに乗り越えるために――発達や学びの連続性を踏まえ幼・小の連携を目指して――」香芝市教育委員会事務局学校教育課、2008年。
10）　お茶の水女子大学附属幼稚園・小学校・中学校子ども発達教育研究センター『接続期をつくる幼・小・中をつなぐ教師と子どもの協働』東洋館出版社、2008年、29頁。
11）　同前、29頁。
12）　香芝市幼・小教育課程系統性研究グループ、前掲書。
13）　鳥光美緒子他「幼少連携を志向するプロジェクト学習の開発・試行に関する研究（1）」『広島大学学部・附属学校共同研究紀要』第31号、2003年3月、297頁。

14) 上杉敏郎（旭ヶ丘小学校校長）、藤山範子（旭ヶ丘幼稚園園長）とのインタビュー（2008年10月1日）。香芝市幼・小教育課程系統性研究グループ（2008年5月）、香芝市立鎌田幼稚園（2008年8月）、前掲書。
15) 香芝市立鎌田幼稚園、前掲書。
16) 上杉敏郎（旭ヶ丘小学校校長）、藤山範子（旭ヶ丘幼稚園園長）とのインタビュー（2008年10月1日）。
17) 鳥光美緒子他「幼少連携を志向するプロジェクト学習の開発・試行に関する研究（2）」『広島大学学部・附属学校共同研究紀要』第32号、2004年、373頁。
18) Working in the Reggio way: A beginners guide for American teachers（Wurm, 2005）から角尾和子編著の前掲書の中で引用した部分を再引用、前掲書、100頁。
19) 名古屋市教育委員会学校教育部指導室の担当者とのインタビュー（2008年10月15日）。
20) 角尾和子編著、前掲書、4頁。
21) 愛知県幼児教育研究協議会、前掲書、70頁。

参考文献

チャード、シルビア・C. 著、小田豊監修・芦田宏監訳、奥野正義・門田理世訳『幼児教育と小学校教育の連携と接続――協同的な学びを生かしたプロジェクト・アプローチ――』光生館、2006年。

亀谷和史・宍戸健夫・丹羽孝『現代保育論』かもがわ出版、2006年。

奈良県立教育研究所奈良県教育委員会『幼児教育と小学校教育をつなぐために』2008年。

名古屋市教育委員会「名古屋市幼稚園教育指針――幼稚園教育の振興と忠実をめざして――」2008年。

第9章　保育マネジメントの理論と実践

　近年、保育制度改革の展開のなかで、保育所経営・幼稚園経営などの園（施設）経営や園（所）長・主任保育士（教諭）等リーダー層の経営実践・経営能力などに対する関心が高まり、それらを「保育と経営の統一」としての「保育経営」ないし「保育マネジメント」（以下、「保育マネジメント」と総称）という視点からとらえようとする動きも現れてきている。

　本章では、大きな脚光を浴びつつある「保育マネジメント」について、なぜ、注目されるにいたったか、その理論と領域はどのようなものであるか、また、保育マネジメントとしての保育所経営・幼稚園経営をめぐる状況・課題や、園経営者としての園長・主任保育士等リーダー層に求められる経営能力とは何かについて論じていきたい。

1　保育マネジメントの時代

　ここ数年、保育・幼児教育関係者の間で、「保育所経営」「幼稚園経営」あるいは「保育マネジメント」という言葉が使われるようになっている。それは、1990年代以降の社会福祉改革・教育改革、少子化対策・次世代育成支援対策の動向と結びついたものである。

　まず、保育所経営について見れば、1993年4月に出された厚生省「これからの保育所懇談会」の提言「今後の保育所のあり方について」では、保育所における保育サービス及び施設運営についての質的転換が提起された。また、同「保育問題検討会」の報告書（1994年1月）においても、同様の指摘がなされた。こうした議論を反映して、1997年6月には児童福祉法が一部改正され、保護者が保育所を選択利用できるように保育所制度が改められた。最近では、待機児童解消策として、保育所経営主体の多様化（民間企業等の参入）、公立保育所の民営化、地域の民間保育資源の活用、家庭的保育事業の充実などの施策が展開されている。さらには、2000年6月の社会福祉事業法（現・社会福祉法）一部改正

を契機に、苦情解決制度の整備や第三者評価の積極的な活用が求められている。また、2008年3月、厚生労働省「保育所における質の向上のためのアクションプログラム」が策定され、国・自治体において、質の向上のための保育所の取組を支援することが課題となっている。

　他方、幼稚園経営については、特に1990年代半ば以降、幼児教育の重要性が指摘され、様々な改革プランが提起されている。1997年11月に出された文部省の報告「時代の変化に対応した今後の幼稚園教育の在り方について」は、「多様なニーズに対応した幼稚園運営の弾力化」を打ち出した。また、2001年2月、文部科学省は「幼児教育の充実に向けて」と題する報告書をまとめ、翌3月には「幼児教育振興プログラム」を策定した。さらに、2005年1月、同省は「子どもを取り巻く環境の変化を踏まえた今後の幼児教育の在り方について（答申）」を発表し、今後の幼児教育の取組の方向性や具体的施策を提起した。これを受けて、2006年10月には、「幼児教育振興アクションプログラム」が策定されている。近年では、幼稚園が「親と子の育ちの場」としての役割を担い、子育て支援機能を充実させることが求められている。さらに、2007年6月の学校教育法一部改正により、学校評価の実施とその結果の公表を通じて、教育水準の向上への努力義務が定められている。

　また、2006年6月には、「就学前の子どもに関する教育、保育等の総合的な提供の推進に関する法律」が制定され、同年10月から、総合施設として「認定こども園」がスタートしている。少子化の進行や教育・保育ニーズの多様化等を背景に、認定こども園に転換する幼稚園・保育所等保育施設も増えつつある（2008年4月現在、40都道府県・229施設）。

　こうした状況のなかで、保育・幼児教育界では、1990年代初めから、保育所経営・幼稚園経営に対する関心が高まってきている。規制緩和・改革の展開に伴い、保育・幼児教育へ競争原理の導入が図られたことで、特に保育所界において、認可保育所における直接契約・直接補助方式の議論や動きもあり、従前にはあまり見られなかった「経営学」的発想が広がりを見せている。なかには、「経営者」としての園長像を提示したり、保育所経営への企業経営方法の導入を提唱する議論も出されている。また、人事考課制度が提案され、能力主義的給与体系への移行を試みる園も増えつつある。そうした動きに対して、近接分野である「学校経営」「教育経営」の議論に学びつつ、「保育と経営の統一」を志向する立場から、「保育マネジメント」を唱える学説が展開されている。

第9章　保育マネジメントの理論と実践　73

　2008年3月に改定された厚生労働省「保育所保育指針」（厚生労働省告示第141号。2009年4月施行。以下、「新保育所保育指針」と略）は、改定の要点として「保育所の役割の明確化」「保育の質を高める仕組み」などを掲げている。新保育所保育指針が大綱化・告示化され、保育内容及び園運営に関する最低基準へその性格・内容を大きく変えるなかで、保育所運営における施設長の責務と研修、衛生・安全管理等保育所運営体制の整備確立を重要課題として提議したことは注目に値する。こうした動きに象徴されるように、近年、保育・幼児教育界において、園経営・組織体制のあり方、その理論と実践の探究が大きなテーマとなりつつある。今、まさしく「保育マネジメント」が時代を現すキーワードとなっている。

2　保育マネジメントの理論と領域

　では、「保育マネジメント」とはいかなるものであるのか。その理論と領域について概述しておきたい。「保育マネジメント」とは、端的に言えば、「保育のための経営」ということである。子どもの「保育の権利」（生活と教育の保障。憲法第25条・第26条）の承認を前提に、子どもの心身の健全な発達を図ることを目的として、それに向けた条件づくりを行っていく営みである、ととらえられる。「子どものための経営」であり、「条件整備のための経営」である、ともいってよい。「保育マネジメント」は、こうした保育経営について、より戦略的に、あるいは、経営戦略をもとに展開していくことをさしている。ここでいう「経営戦略」とは、「目標、計画、機能などについて、優先順序を決めたり、選択したり、修正を図ること[1]」、「目標を明確にし、環境の関係を定め、その求めるあり方を追究するための諸資源を配分すること[2]」であるが、今日、環境の変化に伴い、学校の主体性や自律性が問われるなかで、学校もまた自ら経営戦略をもつ必要性が提起されている。保育界においても同様に、体系的な保育経営を志向する動きが現れ始めている。

　「保育マネジメント」論は1990年代中頃以降、展開されているが、同概念について、筆者は次のように規定している。すなわち、「保育マネジメント」とは、上述の保育の目的を効果的に達成するために、家庭、園・学校、地域社会におけるあらゆる保育の営みを全体的にとらえ、子どもの人間形成と発達の全過程を関連的・総合的に把握しようとするものである、と。領域としては、「保

育所経営・幼稚園経営などの園経営」と「保育・幼児教育行政」と「保育・幼児教育関連行政・経営」(社会福祉、医療・保健、環境、産業・労働等にかかわる行政・経営)の3つによって構成されるが、これらは、保育の目的を効果的に達成するための諸条件を整備し、これを連携的かつ有機的に運営する営みであり、最も包括的な概念として位置づけられる(広義の概念)。図式的にいえば、地域社会(マクロ的には福祉事務所・教育委員会単位、ミクロ的には小・中学校区辺り)を基礎とするマネジメント(＝地域保育経営)として構想され、その中核的問題は、保育所・幼稚園等公的保育施設における保育実践・子育て支援活動とそのマネジメントにおかれる(狭義の概念)。

　ここでは、次のような基本的原則ないし視点が踏まえられる必要がある。第1には、保育・幼児教育行政の中心的な実施主体は、基礎的な自治体である市町村・都道府県であるということである。市町村・都道府県は、子ども・子育て支援のための総合的な地域プランを策定し、地域の実情や地域住民の子育て要求に適応した保育マネジメントに努めていくことが望まれる。その際、保育・幼児教育行政の地方自治原則が尊重され、国の公正な公費支出の下で、自治の財源的裏づけの保障が図られなければならない。第2には、地域における子ども・子育て支援システムの構築という視点である。今日の多様化した保育・教育ニーズに応え、複雑化した保育・幼児教育問題を対応していくためには、一定地域を単位とするネットワークで解決していく方途が不可欠である。そして、第3には、保育マネジメントはあくまでも、保育所・幼稚園等地域の公的保育施設の整備・充実を中心に図られるべきであるということである。その理由は、保育・幼児教育事業が本来的に持つ「公共性」「純粋性」「永続性」を確保し、事業の健全な進展を図るという点に求められる。

　学校経営学の泰斗・中谷彪氏は、「学校経営も教育行政も、教育活動が円滑に行なわれるために奉仕しなければならない[3]」と述べているが、この指摘のように、「保育所経営・幼稚園経営などの園経営」「保育・幼児教育行政」「保育・幼児教育関連行政・経営」は幼稚園・保育所等保育施設における保育実践・子育て支援活動が円滑に行われるように取り組まれねばならない。地方・地域における保育・幼児教育事業をいかにデザインし、運営していくのか、保育・幼児教育をマネジメントするためのシステムのあり方が問われている。

3　保育マネジメントとしての保育所経営・幼稚園経営

　近年、保育・幼児教育界において、保育所経営・幼稚園経営などの園経営に対する関心は高まっているとはいうものの、「保育マネジメント」概念が広く市民権を得ているとはいい難い。私立園はともかく、公立園にあっては、首長部局（保育所）や教育委員会（幼稚園）の管理下にあり、一定の共通性が求められたり、園（所）長に予算決定権や人事権が与えられていないなど、制約条件が少なくないからである。しかしながら、保育所経営・幼稚園経営について、経営者個人の経験や勘に頼るだけでなく、経営実践の理論化や体系化を図っていく必要があるという意識が高まっていることは確かであろう。いうまでもなく、保育所経営・幼稚園経営の改善ないし改革（以下、保育所・幼稚園経営改革と略）は、保育所・幼稚園界全体のみならず、それぞれ固有の理念・状況を踏まえつつ、独自に取り組むべき課題である。時代的背景の変化のなかで、これまでの保育所経営・幼稚園経営のあり方を見直し、新しい保育所経営・幼稚園経営の理念と構造、方法と実践を体系的に追及していくことが求められている。
　保育マネジメントという観点から、保育所経営・幼稚園経営をとらえて見るとどうなるか。保育所経営・幼稚園経営の類概念である「学校経営」「スクールマネジメント」については、「その制度的に確定された学校組織機構自体を外的及び内的環境の変化に対応して変化させていくこと[4]」などと解されているが、いま、子どもの「保育の権利」の保障という観点からとらえれば、「子どもの『保育の権利』保障という目的を効果的に達成するために、保育所・幼稚園の諸組織・諸施設を管理運営すること」である、ということができよう。近年、保育所・幼稚園の新しい役割・機能として求められている保護者支援・子育て支援については、保育所と幼稚園とではとらえ方に若干の違いはあるものの、「親が育てば子も育つ（または、親が育たなければ子も育たない）」という意味で、子どもの「保育の権利」保障の基底的ないし同時的条件・要素をなすものとして位置づけておきたい。
　こうした保育所経営・幼稚園経営は、次のような視点に立っておくことが必要である。すなわち、第1には、保育所経営・幼稚園経営それ自身に目的があるのではないということである。保育所経営・幼稚園経営はあくまでも保育本来の目的を達成するための手段・方法にすぎないということである。そして、

第2には、すでに少し述べたように、保育所経営・幼稚園経営はそれ自体では完結しないということである。保育所経営・幼稚園経営は、国・地方の保育・幼児教育行政や保育所・幼稚園が位置する地域社会と密接な関係を有している。園経営を保育・幼児教育行政や地域社会との関係構造のなかでとらえることが大切である。

　保育所経営・幼稚園経営の領域については、教育行政学でいう「教育の内的事項・外的事項論」（前者は教育の内容面をなすことがら、後者は教育の外的条件をなすことがらをさす）をベースにすれば、① 保育の内的条件に関する分野—教育課程・保育課程や指導計画の作成、保育の実践と評価など、② 保育の外的条件に関する分野—施設設備の環境整備、庶務・会計の事務など、③ 保育の対外的条件に関する分野—父母の会（PTA・保護者会）の活動、児童相談所・病院・保健所・小学校等との連携など、に分類することができる。保育所経営・幼稚園経営は、このように広範多岐にわたる領域の経営を通して、保育所・幼稚園の目的・目標（児童福祉法第39条、学校教育法第22条・第23条）を果たしていくということであるが、保育実践の経営を中心に、他の領域の経営を体系的・構造的に位置づけていくことが求められる。すなわち、①の経営を基礎におき、これが円滑に行われるために②が図られ、③が進められるということである。

　近年、保育・幼児教育においても、「保育の質の向上」「職員の資質向上」などが課題とされているが、上述の視点や構造を踏まえた「保育マネジメント」を志向することが大切である。

4　園長・主任保育士等リーダー層の経営能力

　保育所・幼稚園経営改革において、園長・主任保育士等リーダー層（副園長、教頭、副主任保育士、主幹教諭、指導教諭、中堅保育士・教諭等保育現場で影響力を持つ職員を含む）はいかなる役割を果たすべきであろうか。

　まず、保育園長・主任保育士の地位・職務についてであるが、児童福祉法施行規則（厚生労働省令）において、前者が「経営の責任者」、後者が「福祉の実務に当る幹部職員」（第37条第1項）と規定されているにすぎない。両者ともに法律上の必置職員ではなく、明確な職務規定も定められていない。また、資格についても、同様である。保育園長について、厚生省通知(1972年5月17日。1999年3月30日最新改正)[5]において、「健全な心身を有し、児童福祉事業に熱意のある

者であって、できる限り児童福祉事業の理論及び実際について訓練を受けた者」と記されている程度であり、主任保育士についての定めはない。他方、幼稚園長の地位・職務については、学校教育法において、「園長を置かなければならない」（第27条第1項）とされ、「園長は、園務をつかさどり、所属職員を監督する」（同条第4項）と規定されている。その資格については、学校教育法施行規則において、教育職員免許法による教諭の専修免許状または一種免許状を有し、かつ、園長・教諭・事務職員等として5年以上勤務したこと、あるいは教育に関する職に10年以上あったこと（第20条）とされている。ただし、私立園にあっては、この規定を若干緩やかにした特例規定が設けられている（第21条）。主任教諭については小・中・高校等と異なり、これまで法的規定がなかったが、2007年6月の学校教育法一部改正により、主幹教諭、指導教諭を置くことができるようになった。前者は、「園長（副園長を置く幼稚園にあっては、園長及び副園長）及び教頭を助け、命を受けて園務の一部を整理し、並びに幼児の保育をつかさどる」（第27条第7項）、また、後者は「幼児の保育をつかさどり、並びに教諭その他の職員に対して、保育の改善及び充実のために必要な指導及び助言を行う」（同条第8項）と定められているが、副園長とともに、より組織的な園経営を行っていくことが期待されている[6]。こうした状況から、保育園長・主任保育士について、少なくとも児童福祉施設最低基準上の必置職員化、児童福祉法における職務の明記が望まれる。また、保育所・幼稚園ともに、園長・主任保育士等リーダー層の養成制度及び研修制度の確立をはじめ、その専門性、特に経営能力の育成・向上をどのように図っていくかが重要な課題となりつつある。

　では、園長・主任保育士等リーダー層に求められる経営能力とはいかなるものであるか。以下では、組織的・合理的・機能的な園経営実践を進めていくために、特に大切であると思われる点をいくつか示しておきたい。

　まず、保育園長・幼稚園長は、園経営を統括する最高責任者（マネージャー）として、第1には、園が置かれている状況を的確に把握し、園固有の経営理念・基本方針や経営ビジョンを策定する能力が求められているということである。園長の専門性として、園経営に関する専門的知識・技術、保育・教育専門職としての高い識見及び豊かな人間性を基礎に、保育・子育て支援に対する確固たる信念や理想を持ち、その実現にかかわる経営をデザインしていくことが望まれる。第2には、経営理念、基本方針、経営ビジョンを具体化していくために、

その職務遂行に係る実践的な経営能力やリーダーシップが求められているということである。園の諸組織・諸施設の条件整備に努めながら、園全体の取組をプロデュースし、その効果を高めることに指導力を発揮することが望まれる。そして、第3には、園経営を「開かれた経営」「みんなの力でともに創る経営」と位置づけ、保護者・地域住民・職員等の関係者参加による経営を進めていく能力が求められるということである。園経営の透明性・公開性・参加性を高めつつ、「保育協働（または保育自治）」の契機を最大限に保障していくことが大切である。[7]

　主任保育士・主任教諭等についてはどうか。園長との関係で見れば、以下のような能力が求められるであろう。すなわち、第1には、園及び地域の子ども・子育て家庭の要望・願い・ニーズを踏まえつつ、保育実践・子育て支援活動の戦略や計画を立案・策定する能力である。園の目的・目標や計画の立案・策定のプロセスに、園経営者として積極的に参画していくことが望まれる。第2には、職場の人間関係や保護者・地域住民間のネットワークを構築する能力である。これは、主任保育士・主任教諭等が園経営の要（かなめ）ないし中心的役割を担う存在として固有に位置づけられる領域に属するものである。近年では、保護者支援、地域づくりに向けた力量形成が課題となっている。そして、第3には、保育実践・子育て支援活動の質的向上を推進する能力である。園内において「保育のリーダー」として、日常的な保育指導や保護者に対する保育の指導助言、地域の子育て家庭に対する育児相談など、その質的向上に向けた取組を進めていくことのできる能力が求められている。

　ある論者は語る。「学校経営の成否は、校長と教頭が学校の教育目標を明確に認識するとともに、各々の任務を自覚して協力し合うかどうかにかかっている」[8]。これは保育所経営・幼稚園経営についても同様である。園長・主任保育士等リーダー層は、地域やその園ごとの事情を踏まえながら、ともに協力・協働しつつ、園経営を直接的・日常的・恒常的に担っていくことが望まれる。新保育所保育指針の参考資料である厚生労働省「保育所保育指針解説書」（2008年3月）は、「施設長や主任保育士をはじめとするリーダー的立場の職員が常に組織としての役割や使命、目標や将来展望を、職員だけではなく保護者や社会に対して表明する必要があります」と述べているが、ここには、保育所の組織性を高めるための条件づくりの1つが提案されている。園長・主任保育士等リーダー層の経営能力として、職員・保護者・地域住民間の共通理解と協働性

を高めていくことが不可欠である。

注
1) 天笠茂『学校経営の戦略と手法』ぎょうせい、2006年、5頁。
2) 同前。
3) 中谷彪『学校経営の本質と構造』泰流社、1983年、30頁。
4) 篠原清昭編著『スクールマネジメント――新しい学校経営の方法と実践――』ミネルヴァ書房、2006年、序文ⅲ頁。
5) 厚生省社会・児童家庭局長連名通知「社会福祉法人の経営する社会福祉施設の長について」（社庶第83号）1972年5月17日（1999年3月30日最新改正）。
6) 学校教育法において、副園長の職務は、「副園長は、園長を助け、命を受けて園務をつかさどる」（第27条第5項）と定められている。副園長、主幹教諭、指導教諭の新たな職の設置により、学校組織として、これまでの「フラット（なべぶた）型（＝ほとんどが教員）」から校長を頂点とする「ピラミッド型」への意識転換を求める動きも見られるが、一般に、少人数の職員で構成される幼稚園において、いかなる組織運営体制や指導体制を構築していくかは今後、検討すべき課題であろう。
7) 伊藤良高「保育所経営改革と保育所長の経営能力」日本乳幼児教育学会『乳幼児教育学研究』第14号、2005年、参照。
8) 小林靖子・中谷愛「学校経営と教職員を考える」中谷彪・浪本勝年編著『現代の学校経営を考える』北樹出版、2002年、38頁。

参考文献
伊藤良高『〔増補版〕現代保育所経営論――保育自治の探究――』北樹出版、2002年。
伊藤良高『保育所経営の基本問題』北樹出版、2002年。
伊藤良高『幼児教育の明日を拓く幼稚園経営――視点と課題――』北樹出版、2004年。
伊藤良高『保育制度改革と保育施設経営――保育所経営の理論と実践に関する研究――』風間書房、2011年。
伊藤良高・中谷彪編『子ども家庭福祉のフロンティア』晃洋書房、2008年。
武藤隆・網野武博・神長美津子編著『「幼保一体化」から考える幼稚園・保育所の経営ビジョン』ぎょうせい、2005年。
北野幸子・立石宏昭編著『子育て支援のすすめ――施設・家庭・地域をむすぶ――』ミネルヴァ書房、2006年。

第10章 保育専門職の資質・専門性向上と資格・養成・研修問題

　乳幼児の脳や発達にかかわる研究の成果により、環境による経験選択がなされること、人が人から学ぶこと等が明らかにされている。乳幼児の主体的な生活や遊びが展開するような環境を設定し、かつ乳幼児に日々接しその育ちをはぐくむ保育者の重要性が指摘されつつある。社会的にも、少子高齢化が進展し、家庭の機能低下が問題化し、子どもたちの生活習慣の未形成や人間関係の形成能力の低下が指摘されている今日、保育者への期待が益々高まっている。本章では、保育専門職の資質・専門性とは何か、その維持・向上をはかるシステムとは何か、その現状と課題について論じていきたい。

1　保育専門職の資質・専門性
――資質としての人間性、専門性としての科学――

　保育専門職に限らず、人と接するヒューマン・サービスの分野の専門職の資質としては、なんといっても人間性があげられよう。保育専門職は、可能性に満ち、かつ、今を主体的に生きる乳幼児を、包容力満ちた態度で、やさしく、明るく、元気に支える。時に促し、時に厳しく、道徳や基本的生活習慣をはぐくみ導く。こういった資質に加えて、保育専門職には、保育独特の知識と技術そしてその活用能力からなる専門性が必要とされる。保育は、最新の諸科学の研究によってもたらされた科学的根拠に基づく実践である。保育者の専門性としては、乳幼児期の一般的な特徴や子どもを取り巻く社会的環境の実際、乳幼児の人間関係の特徴の十分な理解があげられる。また、目の前の乳幼児の特徴を洞察する力量を備え、さらには、自らが実践をデザインする力があげられる。加えて、保育者には、実践しながら考え判断し、しかも、実践の省察を通じて専門職としての成長を続ける、そういった専門性が必要である。以下、説明を加えよう。

　乳幼児期は、好奇心、チャレンジ精神、探究心が最も高い時期であり、しかも、主体性と行動力に満ちている。こういった乳幼児の特徴を十分に理解して

保育を実施する必要がある。乳幼児の理解には、まずは乳幼児とよく接すること、次に乳幼児を理解する視点をもって洞察することが挙げられよう。

筆者は授業において毎年大学生を対象に、自分の生活の中に存在する、乳幼児についてのエコマップを作成させている。約100人の大学生が自分の生活の中に思い浮かべる乳幼児数は、毎年平均2～3人に過ぎない。これに加えて、国際的にみても日本の教育実習期間は短い。乳幼児と直接ふれあい、しっかり知ることがまず乳幼児理解の基礎であり、専門職養成に望まれることであろう。しかし、子どもと直接ふれあうだけで理解できることには限界がある。よって次に、乳幼児を洞察する視点を持って理解を深めることが望まれる。具体的には、発達知、生活環境知、人間関係知に基づく視点が考えられる（図10-1参照）。

発達知とは、乳幼児の一般的な発達の過程に関する知識である。生活環境知とは、乳幼児の育つ家庭や地域の特徴に関する知識である。多元価値社会といわれる今日、個々の家庭の考え方や生活様式は異なり、地域による文化差も多様である。人間関係知とは、親子関係、きょうだい関係、友達関係に関する知識である。人が人を通じて学ぶこと、よって先生が重要であることが指摘されているが[1]、乳幼児期は自己主張、他者理解、ルールの獲得など社会性を学ぶ時期であり、また模倣の時期でもある。

もちろん、平均値にぴったりと当てはまる子どもはむしろ少ない。保育実践にはガイドラインはあってもマニュアルはない。乳幼児期の発達知、生活環境知、人間環境知に基づき、一人一人の乳幼児の個性を洞察する視点を持ち、そ

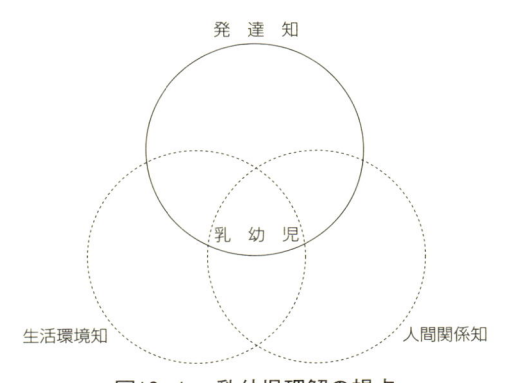

図10-1　乳幼児理解の視点

の理解を深めることが保育者の専門性として望まれる。

　乳幼児の理解に基づき、保育を実際に行うための計画力と実践力も保育者にとって大切な専門性である。この実践知は、手遊びをいくつ知っているか、といった小手先の技術のみを指すのではない。子どもの好奇心やチャレンジ精神、探究心を把握し、発達の最先端に作用するような環境設定、生活と遊びが実りあるものとなるように保育を計画する能力、時に乳幼児と共に活動し、時に一斉の活動を実施する等、実際に保育を実践する力である。

　乳幼児は個性豊かである。その成長は無限であり、実践においては、不確定要素が多分にある。一人として同じ発達の過程を歩む子どもはいない。その子どもたちから日々新しい発見を得、自らも常に学び、工夫し発達していく力が保育者には望まれる。保育者の成長について、次にみていこう。

2　保育者の専門性の維持・向上システム

　乳幼児の発達の特徴（発達知）も、家庭の機能や社会の特徴（生活環境知）も、乳幼児を取り巻く家族や社会の人間関係の特徴（人間関係知）も、普遍性と可変性を兼ね備えている。よって、保育者は乳幼児の理解を深め、理解に基づいて保育する力を、日々学び、維持向上に努めなければならない。

　保育者の専門性の維持・向上を図るシステムとして、以下、同僚性、研修・再教育のあり方、質保障の方法について考えてみよう。保育者は、机上で学べる専門知と、考えながら実践し見につけていく実践知（臨床の知）との両方を成長させながら、その専門性を維持・向上させていく。よって、養成の時期の学びに加えて、就職してからの成長が期待される。就職してからの成長は、その職場により大きく異なる。園の方針により、園内や園外での研修を積極的に実施している園と、外部研修にはほとんど参加せず、書類の回覧で研修としている園もある。保育者養成に長年携わってきた何名もの先生から、卒業時の力量や期待と実際のその後の成長には大きな差があり、それは就職先の園の方針と園の人間関係の影響が大きいとの声を聞く。共に子どもの最善の利益を保障し保育の質を向上させよう、自分のクラスの子どもにかかわらず、園の子どもすべての福祉を願う、といった園の方針と人間関係が望まれる。園内研修会で、欠点を指摘するだけではなく、代替案やよりよい保育を共に考えること、同僚の保育の長所から多く学び、自らの実践の省察材料とすることが必要であろ

う。保育者の成長は、自らがその保育を省察し、自覚を持って改善したいという意欲を持たねば変化が期待できない。単なる非難中傷ではなく共に学び成長しあう、よりよい職場関係こそが、保育の質の向上の鍵を握る。

保育現場は規模が小さい。地域等にもよるが、園児が約100名規模の園も多い。クラスのスタッフが一桁のところもある。そのような中で、自分の園の人間関係や情報のみに閉ざされていては、より深く乳幼児を洞察し、実践を工夫する力が育ちにくい。よって、外部の研修にも積極的に参加したいものである。国際動向に目を向けると保育の質とかかわって議論されている保育の質を保証する基準（ベンチマーク）に「先生1人あたり年5日以上の研修を保証し課す」というものがある。[2] 全米乳幼児教育協会（NAEYC）の年次大会に参加すると保育者の参加数の多さに驚く。

長年保育に携わる中で、園内研修や園外研修から多くを学び、保育者としての専門性の維持・向上を図っている保育者は多い。実際に実力がつくことは重要であるが、加えて筆者は、研修や再教育が保育者にフィードバックされる必要があると考えている。保育現場の課題として、キャリアをどのように積んでいくのかが、イメージしにくい点があげられる。よって、実際に、意欲的に学び続け力量の高い保育者であることが、他者にも分かるように、資格が、待遇や地位、実際の業務内容に反映されるように改善する必要があると考える。日本では、新任研、中堅研、主任研、管理職研等、研修が階層的に実施されているが、認定資格制度が整備されておらず、資格が待遇・地位・実際の業務内容と対応するかたちで整理されていない。国際動向に目を向けると、専門職としてのキャリア・ラダー・モデルが構築されつつある（図10-2参照）。

乳幼児教育の現場で、保育者は重大な責務を担っている。子どもの安全や健康、生活や学びを保障し、その伸張を図る、実際高い専門性が望まれる職業である。しかし、残念ながらその専門性について社会的認知が十分に広まっているとはいいがたい。以下、保育職の専門性が専門職としてどのようにとらえられるのか、紹介し、課題をともに考えよう。

3　保育領域の専門性と日本におけるその確立状況

一般に、19、20世紀転換期は多くの分野で専門職化が図られた時代といわれ、保育もこの時期、領域の専門性の確立が試みられ、現在の養成や領域のプロト

84

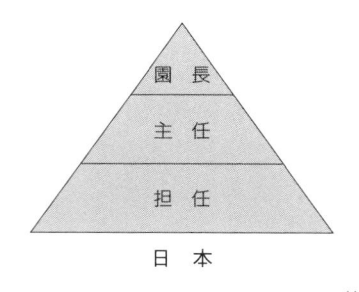

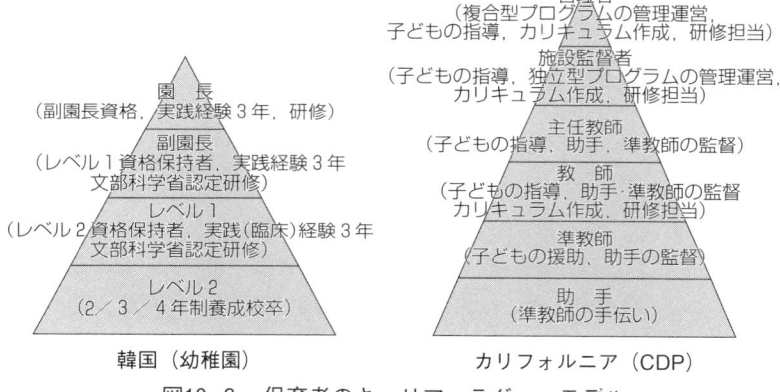

```
           園 長
           主 任
           担 任
           日 本
```

```
                                          管理者
                              (複合型プログラムの管理運営，
                              子どもの指導，カリキュラム作成，研修担当)
                                       施設監督者
                              (子どもの指導，独立型プログラムの管理運営，
                               カリキュラム作成，研修担当)
           園 長                         主任教師
    (副園長資格，実践経験3年，研修)      (子どもの指導，助手，準教師の監督)
         副園長                            教 師
    (レベル1資格保持者，実践経験3年        (子どもの指導，助手，準教師の監督
      文部科学省認定研修)                カリキュラム作成，研修担当)
         レベル1                          準教師
    (レベル2資格保持者，実践(臨床)経験3年   (子どもの援助，助手の監督)
      文部科学省認定研修)
         レベル2                          助 手
    (2/3/4年制養成校卒)              (準教師の手伝い)
       韓国（幼稚園）                 カリフォルニア（CDP）
```

図10-2 保育者のキャリア・ラダー・モデル

コルが作成された[3]。専門職化に関する多くの先行研究の蓄積により、専門職化の典型的指標があきらかにされている（① 養成教育システム、② 現職教育システム、③ 倫理規定、④ 資格、⑤ 社会的威信、⑥ 報酬、⑦ 職歴パターン、⑧ 市場独占、等）。

　日本の現状を検討すると、① 養成教育システムは、専門化した高等教育において養成がなされており、システムは確立されている。しかし、養成年数に注目すれば、時代に遅れつつあるのではないかとの疑問が残る。1996年には、女子学生の短期大学進学率と4年制大学進学率が逆転している。小学校教員の8割が学士であり、社会福祉士の受験要件も主に4年制卒である。② 現職教育システムは、未確立といえる。現場で長年専門職として従事してきた保育者は、熱心に研修と学習を積み重ねてきている人もいるが、学位や認定資格等が授与されていないので、外部からはわかりにくい。③ 倫理規定は明文化されている。2003年には「全国保育士会倫理綱領」が採択されている。④ 資格は

確立しているといえる。しかし、領域による蓄積型資格や、階層化は整備されていない。幼稚園教諭に関しては、教員免許更新制度が導入されたが、保育士についても、研修や学習によって数年ごとに更新される審査制度を導入することが必要であると考える。⑤ 公的に役立つ職業としての認識は高く、幼い子どもの保育を担う職業として信頼されている点もあるが、威信は高いとは言いがたい。⑥ 報酬については、職員の年齢層は低く、よって平均報酬も低い。⑦ 職歴パターンは、図10-2に示したとおり、職階も担任、主任、園長と少なく、単純である。キャリアー・ラダーのイメージが描きにくい。実際に、保育者の離職率は高い。⑧ 市場独占については、業務は比較的独占され、自立しているといえる。しかし、2004年のデータによれば保育士の12％がパート職員である。

4 これからの保育専門職の資格・養成・研修
――課題と展望――

　保育者に高い専門性が必要とされていることは、昨今の研究から明らかである。教育基本法の改正により幼児期の教育が位置づけられたことは、高く評価出来よう。これに伴い、2008年に改正された幼稚園教育要領や学習指導要領では、「生きる力」の育成の重要性を改めて強調し、学力観の転換を図っている。いわゆる PISA 型の（The Programme for International Student Assessment （学習到達度調査）で問われる）学力つまり知識技術の習得とその活用能力を同時に育てること、探究心を育み問題解決能力を培うこと、実際の能力に比較して低いといわれる有能感や自尊心を育てることが課題としてあげられる。筆者は、今日の教育改革の課題は、暗記型・記憶型・結果主義から、活用型・展開型・文脈主義への転換であると考えている。好奇心、チャレンジ精神、探究心がもっとも著しい、大切な幼児期の教育の質は、保育者が握っている。よって、保育専門職の養成・研修・再教育を、現在のような現場や個人のボランタリズムのみに依拠するのではなく、研修の支援を財政的にも学問的にも行う必要があると考える。また専門性の向上の過程が外部に説明でき、質保障を図るためには、資格の整備が必要である（例えばモデルとして図10-3を提案する）。

　医療の分野をスタートとし、人と接する専門職の分野で、実践の質を向上させるために、「根拠に基づいた実践」の必要性が指摘されて久しいが、保育の領域においても、実践が科学的根拠に基づく判断によるものであることの重要

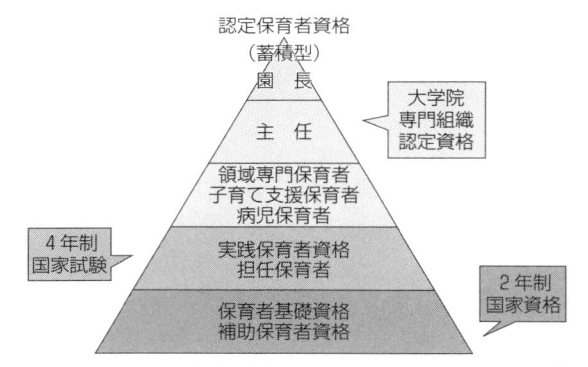

図10-3 日本の保育者のキャリア・ラダー・モデル案

性が指摘されている[4]。先に述べたように、かけがえのない一人一人の乳幼児を対象とする保育においては不確定要素が多く、それゆえにマニュアルはなく、唯一の望ましい保育はない。望ましい保育は、一人一人の保育者の科学的根拠に基づいた判断にゆだねられている。保育者の乳幼児理解に基づき、個々の保育者が考え、選び、実践する力を伸長させることが重要である。つまり筆者は、科学的根拠に基づく判断による保育実践とは、昨今の保育に関わる研究成果に基づく知識と技術、保育の基準等を活用して、乳幼児との相互作用の中で創造する保育であると考える。科学的根拠に基づく保育とは、最新の知識・技術の十分な蓄積と、さらにはそれを活用する想像力・思考力の成長により、その質の向上が図られる。保育専門職の専門性の向上は、単に体験を積み重ねるだけはなく、課題意識を持って保育実践体験を積み重ね経験知を蓄積し、かつ実践を省察し、自らがさらに探求し続けることによって身につくものである。実践を支える力は、養成校ではその構造を学び、姿勢を培い、学習の継続方法を学び、現場に出てからさらに蓄積していくものである。

　乳幼児との相互作用の中で、常に新しい発見と感動を得ながら、子どもと共に成長し続けていくことのできる保育者は、魅力的な仕事である。その成長を支えるシステムの整備と充実が、これからの保育専門職の資格・養成・研修の課題である。

　注
　1) Day and Sachs, Professionalism, performativity and empowerment: discourses in the politics,

policies and purposes of continuing professional development, *International Handbook on the Continuing Professional Development of Teachers*, Bell and Beltz, 2004; OECD, *Teachers Matter: Attracting, Developing and Retaining Effective Teachers*, OECD, 2005, 等。

2） Technical Consultation on Resources and Early Childhood Services in Rich Countries UNICEF Innocenti Research Centre, 5-6 February 2007の会議より。

3） 北野幸子「世紀転換期アメリカにおける幼児教育専門組織の成立と活動に関する研究――領域の専門性の確立を中心に――」学位論文、広島大学、2001年（未刊）.

4） Buysse, V. and Wesley, P. W., *Evidence-based Practice in the Early Childhood Field*, Zero to Three, 2006; Groark, C. J., Mehaffie, K. E., McCall, R. B., and Greenberg, M. T.（eds.）*Evidence-based Practices And Programs for Early Childhood Care And Education*, Corwin Press, 2006; Tarlov, A.R., and Debbink, M. P.（Eds）*Investing in Early Childhood Development: Evidence to Support a Movement for Educational Change*, Palgrave Macmillan, 2008; Tricia, D., *Promoting Evidence-Based Practice in Early Childhood Education*, Jai Press, 2007.

コラム4
▶保育者養成の現場から
――4年制私立大学を中心に――

2年制私立短期大学、そして、4年制私立大学で保育者養成にあたって

　筆者は、現在、九州地方にある熊本学園大学第一部社会福祉学部子ども家庭福祉学科において、幼稚園教諭、保育士（以下、保育者と総称）、社会福祉士等の養成にあたっている。所属する子ども家庭福祉学科は、2006年4月、全国で初めて「子ども家庭福祉学」を体系的かつ総合的に学べる学科として開設されたものであるが、1961年4月に創設された熊本短期大学（後、熊本学園大学短期大学部）保育科を前身に、県内最初の4年制保育者養成校としてスタートした。学科の主な目的は、① 子どもと親・家族のウェルビーイング（幸福）を促進する「子ども家庭福祉学」の創造、② 発達・家族援助の実践的力量と社会的洞察力を備えた指導的な保育者の養成、③ ケアワークとソーシャルワークの力量を統合した「児童ソーシャルワーカー」の育成、④ 保育者養成の伝統を生かし地域に貢献できるリーダーとしての保育者の養成、であるが、保育、幼児教育、児童・社会福祉をコアにしながら、子ども家庭福祉の理論的・実践的なリーダー層、フロンティアの育成をめざしている。

　筆者は、熊本短期大学の時代から20年以上奉職し、学科の創設にあたって初代学科長を拝命することになったが、就任前後から、県内外の保育現場や高校、保護者、行政機関等に対し、「子ども家庭福祉学科はどういう学科か」、「保育士資格を4年制大学で取ることの意味は何か」などの問いに丁寧に答えていくことが求められた。「本学科は、社会福祉学部のなかにあることを活かし、ソーシャルワークについての学びを深め、子育て支援、保護者支援に高い資質を有した保育者を育成します」、「4年制大学では学士という学位がとれます。その基礎資格のうえに、保育現場で将来、リーダーとなれる人材を輩出します」などなど。こうした体験を通して、学生の学習意欲・就業意識を高めつつ、4年制私立大学としての特色やアイデンティティの確立、良い意味での短期大学・専門学校との差別化を図っていくことが課題であると考えるようになった。と同時に、保育士資格については、幼稚園教諭免許状のような区分（専修・一種・二種）がないため、特段のメリットを打ち出しにくいことや、保育現場ではまだまだ4年制大学卒保育者を受け入れる体制（経営者の採用意識、職場風土、労働条件等）が整っていないことなどを痛感するにいたった。

4年制養成校から見た保育者養成の課題と展望

　近年、保育者養成において、4年制大学・短期大学での養成が大半を占めるようになり、ここ数年、少子化のなかでの学生確保や高度な専門性を持った保育者養成への志向などを背景に、4年制大学の比率が急速に高まってきている。しかしながら、これまでも指摘されてきたように、保育士養成をめぐる問題点として、2年制での養成を前提としたカリキュラムであることや、幼稚園教諭免許状の同時取得を前提とした保育所保育士に比重を置いたカリキュラムであることなどが挙げられる。また、発達障害や被虐待など特別な支援を要する子どもの保育や保護者支援、地域における子育て支援など保育士の職域・職務内容の広がりや深まりに対して、それらを1つの資格だけで対応することが前提とされている点や、幼稚園教諭と比較して保育士の養成教育の枠組が等級などの区分をまったく設けない画一的なシステムに基づいている点は、「根本から見直されるべき時に来ている」と指摘されている（全国保育士養成協議会『保育士養成資料集』第48号、2008年、参照）。こうした状況のなかで、3年制・4年制の保育者養成校にあっては、社会福祉系・教育系・心理系・家政系等それぞれの学校、学部、学科、コースの教育理念（私立にあっては、建学の精神を反映）に即する形でオリジナルな科目群が配置され、特色ある養成が行われている。

　これからの保育者養成はどこへ向かうのであろうか。近年、幼稚園と保育所の連携強化や認定こども園の創設等施設の総合化が進展するなかで、幼稚園教諭免許状と保育士資格の併有促進が進められ、両資格の一元化も検討課題として提起されている。今後、より一層、それぞれの修業年限に応じた養成カリキュラムの開発が進められるとともに、小・中・高校等教諭と同様に、大学（4年課程）における養成を基本とする保育者養成システムへのニーズが高まっていくことが予想される。さらに、保育士資格について、幼稚園教諭免許状に併せた形での区分化（専修保育士、一種保育士、二種保育士）や上級の資格をめざす上伸への努力義務、社会福祉士・介護福祉士のような受験資格化・国家試験化、大学院レベルにおける子育て支援専門職（「保育カウンセラー」「子育て支援士」他）の養成などが論点として浮上してくると考えられる。また、施設長の役割の強化に伴い、管理職・経営者養成のプログラム、コースも検討されていくことになるであろう。各養成校では、養成校数の増加のなかで"生き残り"を賭け、卒後教育・現職研修（幼稚園教員免許更新講習等）をも含め、さらなる特色化・個性化を図っていくことが喫緊の課題となっているが、大学における養成のベースとなる保育、幼児教育、児童・社会福祉等についての研究・教育の創造が礎（いしずえ）となるべきことはいうまでもない。

第11章 保護者に対する子育て支援
──これまでとこれから──

　幼稚園や保育所に通う子どもの保護者に対する子育て支援は、これまでもなされてきた。送り迎えのおりに園長や先生方に子育てに関わる相談をしたり、園での子どもの様子を互いに話しあったり、行事やPTA活動を通じてである。しかし2000年以降はこれに加えて、地域の未就園児とその保護者の支援が園の業務として「幼稚園教育要領」、「保育所保育指針」に規定された。地域の教育力が低下しているといわれる今日、園が地域の子育て支援の場として、さらにその機能を果たすことが期待されている。つまり、園・家庭・地域の連携による地域の教育力の再生が目指されている。子どもの最善の利益の保障を大前提とし、かつ、個としての子どもだけではなくその子どもの育つ家庭への支援こそが重要であるとの認識のもと、保護者に対する子育て支援について、その経緯と実際の内容、課題を考え、これからの展望をはかりたい。

1　子育て支援の社会的背景と必要性

　子育て支援の社会的背景としては、少子高齢化の進行や、これと関わる、家族の形態や機能、人々のライフスタイルの変化等があげられる。一般に高齢化社会とは、65歳以上の人口比率が7％を超えた社会である。日本では、1970年以降高齢化社会となった。医療の進歩や生活水準の向上、公的社会システムの成熟に伴う高齢化はきわめて望ましいことであるが、同時に少子化が進行すると、これに伴い問題が生じる。つまり、既存の社会システムのままでは、社会保障の負担が拡大し機能不全に陥ることや、労働力と経済成長が低下すること、急激な人口減少が起こること等の問題が生じる。

　実際、高齢化と少子化が同時に起こっている。日本の年間出生数は1973年以降減少傾向である（なお2006年は、出生数と合計特殊出生率共に6年ぶりに上昇）。1989年には合計特殊出生率が1.57となり「1.57ショック」（第1章参照）といわれ、『平成4年度国民生活白書』により「少子化」という言葉が広く知られるようになっ

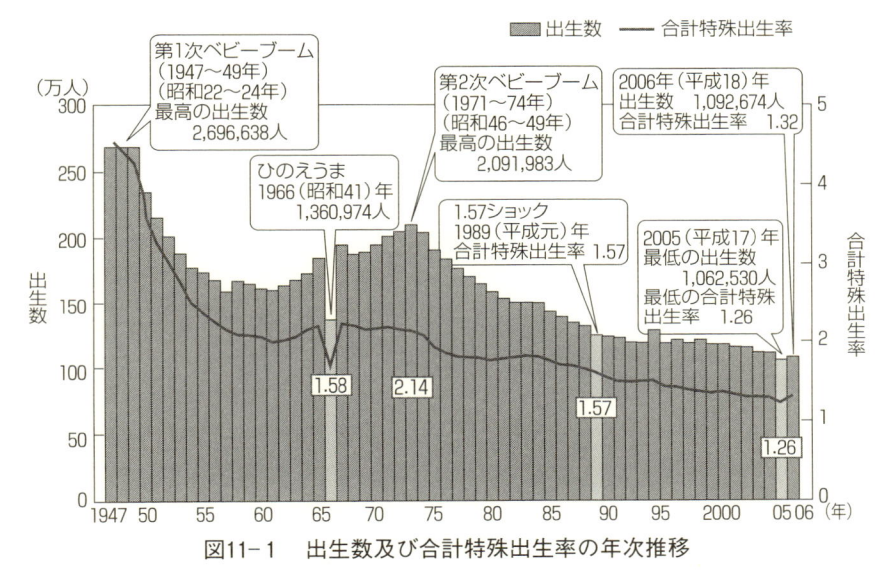

第11章　保護者に対する子育て支援　91

図11-1　出生数及び合計特殊出生率の年次推移

注）1947～1972年は沖縄県を含まない．
出典）内閣府『平成20年版少子化社会白書』佐伯印刷，2008年．

た。合計特殊出生率は、2005年には、過去最低の1.26まで減少した。
　家族の形態や機能、人々のライフスタイルの変化としては、核家族化や、共働き家庭の増加、晩産化等が挙げられる。2006年のデータによると、日本人の平均初婚年齢は、夫が30.0歳（対前年比0.2歳上昇）、妻が28.2歳（同0.2歳上昇）と上昇傾向を続けており、出産については、第1子が29.2歳、第2子が31.2歳、第3子が32.8歳であり、晩産化の傾向がみられる。
　働き方については、図11-2共働き等世帯の推移にみられるように、1990年代以降、共働き家庭の増加傾向がみられ、今日では共働き世帯の方が多い。『平成18年版国民生活白書』によれば、継続あるいは再就職希望の数は、増加している。しかし、一方で、妊娠・出産を機にそれまで就労していた女性の7割が離職している。継続就職を希望している女性の33.4％が実際は自らの希望と反して、一旦離職し、後に再就職したり、専業主婦になったりしている。
　『平成20年版少子化社会白書』によれば、約9割の人が結婚を希望しており、また希望子ども数は2人以上である。就労の形や、結婚、子ども数への希望と

図11-2 共働き等世帯の推移

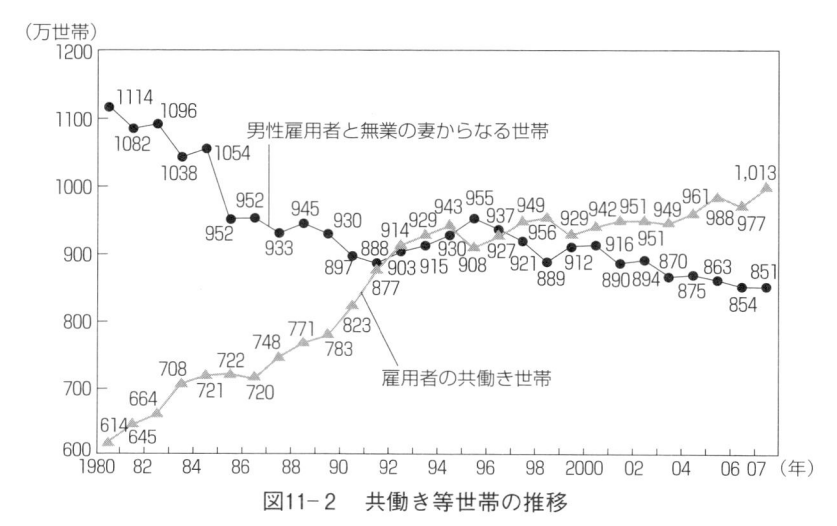

注1)「男性雇用者と無業の妻からなる世帯」は，雇用者は非農林業雇用者，無業の妻は完全失業者と非労働力人口の合計値である．
　2)「雇用者の共働き世帯」の雇用者は，非農林業雇用者である．
出典)内閣府『平成20年版少子化社会白書』佐伯印刷，2008年．

実際に違いがあることが分かる。希望と現実に違いをもたらしているものとしては、生活および教育費等の経済の問題、就業と子育ての両立を困難としている状況、家事・育児の分担の課題が挙げられる。独立行政法人労働政策研究・研修機構の『育児休業制度に関する調査研究報告書』によれば、出産前に仕事を辞める理由（複数回答）は、第1位は自分の手で子育てしたかった（53.6％）、第2位は両立の自信がなかった（32.8％）であり、これらは、気持ちに関わるが、第3位の就労・通勤時間の関係で子を持って働けない（23.3％）は、環境や制度に関わる条件であった。その他にも、育児制度が使えない・使いづらい（17.9％）、手助けしてくれる親族がいなかった（13.7％）、子どもの預け先がない（6.4％）といった環境・制度上の課題が挙げられている。以上から、出産前に仕事を辞める理由として、環境・制度上の問題が、大きいことがうかがえる。

経済的にも、自らが希望するライフコースを実現させるためにも、家庭における就労と子育ての両立を可能とする子育て支援や、家庭における子育てを支援する仕組み、安心して家庭を築き子どもを生み育てることができる社会の必

要性が指摘されている。これらを背景として、子育て支援が進められている。以下、その基礎理念を概説する。

2 子育て支援の基礎理念

　子育て支援に関わる施策にあたっては、保護者を対象としている一方で、子どもの最善の利益を損なうものとなっていないか留意し、進めることが大前提とされている。児童福祉法では、全ての国民があらゆる児童の健全育成を担うことをうたっているが、一方で子育て支援を社会全体で行うものであることを前提にしながらも、他方で児童の権利に関する条約や民法で規定されているように、子育ての第一義的責任は保護者にあることを留意せねばならない（図11-3参照）。「少子化社会対策大綱」では、家族の絆や地域の絆を強化することの重要性が指摘されている。

　子どもの最善の利益と、保護者の生活について、相反する事態は多々存在する。例えば、幼い子どもを育てている共働き家庭で、困難な事態として良く指摘されるのは、子どもが病気になった時である。病児保育のニーズが高い一方で、病気の時にもっとも信頼している家族と共に過ごしたい子どももいるであろう。多様な勤労形態がある保護者にとって、夜間保育はありがたいサービスではあるが、乳幼児の基本的生活習慣を形成するという観点からは、夜間保育のあり方にも工夫が必要である。専業主婦家庭のリフレッシュメントのため、

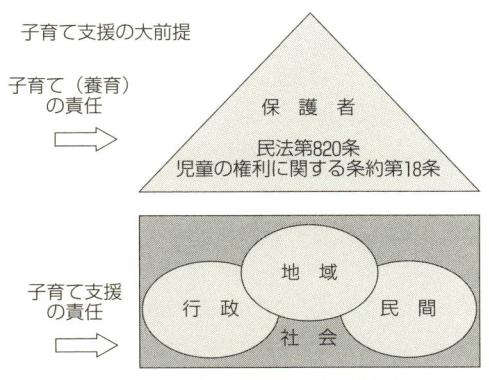

図11-3　子育て支援の基礎理念

出典）北野幸子・立石宏昭編著『子育て支援のすすめ』ミネルヴァ書房、2006年.

子どもの託児付きの講演やセミナー、イベント等が提供されている。お稽古事と託児がセットになったものも提供されている。これらが、仮に必要以上に保護者と子どもが直接触れあう時間を減少しているとしたら、子育てする力を保護者が培い、家族が触れあう機会を減少させてしまう危険もある。

　子育てとは、保護者と子どもが、喜びを分かちあい、共に育ち営む幸せな家庭生活にあり、子育て支援とは、社会が両者の育ちを損なうことなく、子育ての困難な状況を軽減し、子育てに関する知識と技術とそれらの活用に関わる最新の科学を提供し、家庭を支援することであると考える。以上の理念を踏まえて、日本の子育て支援の実際を、以下具体的に紹介しよう。

3　子育て支援の実際

　行政当局による子育て支援の明文化は、1984年の「保育所等における乳幼児健全育成事業」にさかのぼる。少子化が社会的問題と認識され、省庁を超えた本格的な子育て支援は、1994年の「エンゼルプラン」（正式名称「今後の子育て支援のための施策の基本的方向について」）以降である。1989年の「1.57ショック」を受けて、少子化対策が喫緊の課題となった。

　「結婚や出産は個人の決定に基づくものである」との前提に立ちながらも、個人の希望を支えるシステムの整備とその改善は、国、地方公共団体の責務である。行政当局が安心して子どもを生み、育てることのできる環境をつくるためには、社会全体の意識改革を促すことも必要である。仕事と子育ての両立支援を促進するものとしては、育児休業制度の整備、傷病児の看護休暇制度の普及促進、保育サービスの充実等が挙げられる。

　エンゼルプラン以降、「新エンゼルプラン」（正式名称「重点的に推進すべき少子化対策の具体的実施計画について」）（1999年）「少子化対策プラスワン——少子化対策の一層の充実に関する提案——」（2002年）が策定され、少子化社会対策が進められてきた。2003年には「次世代育成支援対策推進法」や「少子化社会対策基本法」が成立した。2004年には「少子化社会対策大綱」が策定され、4つの重点課題が掲げられた。さらに、同2004年には、「新新エンゼルプラン」（「子ども・子育て応援プラン」。正式名称は、「少子化社会対策大綱に基づく重点施策の具体的実施計画について」）が策定された。ここでは、「少子化社会対策大綱」を受けて、平成21年度までに講ずる具体的な施策内容と目標が示されている（表11-1参

表11-1　少子化社会対策の重点課題と具体的な施策内容と目標

	重点課題	具体的な施策内容と目標
1	若者の自立とたくましい子どもの育ち	若年者試用雇用の積極的活用 全国の小・中・高等学校において一定期間のまとまった体験活動の実施
2	仕事と家庭の両立支援と働き方の見直し	企業の行動計画の策定・実施の支援と好事例の普及，個々人の生活等に配慮した労働時間の設定改善に向けた労使の自主的取組の推進 仕事と生活の調和キャンペーンの推進
3	生命の大切さ，家庭の役割などについての理解	保育所・児童館・保健センター等において中・高校生が乳幼児とふれあう機会を提供，全国の中・高等学校において，子育て理解教育を推進
4	子育ての新たな支え合いと連帯	地域の子育て支援の拠点づくり（市町村の行動計画目標の実現），待機児童ゼロ作戦のさらなる展開（待機児童が多い95市町村における重点的な整備），児童虐待防止ネットワークの設置，子育てバリアフリーの推進（建築物，公共交通機関及び公共施設等の段差解消，バリアフリーマップの作成）

参考）「少子化社会対策大綱」「子ども・子育て応援プラン」を元に作成．

照）。

　これらの少子化社会対策にもかかわらず、2005年の合計特殊出生率は過去最低の1.26に落ち込んだ。働きながら子育てを行う環境の整備や、男女共同参画への認識の浸透をさらに進める必要が指摘されている。行政当局は、2007年には、「子どもと家族を応援する日本」重点戦略を定め、さらなる少子化社会対策が展開されている。内閣府では、2007年より11月の第3日曜日を「家族の日」、その前後各1週間を「家族の週間」と定め、この期間を中心として「家族・地域のきずなを再生する国民運動」が実施されている。

　行政当局のみならず、今日、子育て支援は、保育関連施設での多様なサービス提供、企業による就労状況の改善、地域の各子育て家庭の連携推進等、多様に展開している。保育関連施設では、具体的に以下のような子育て支援が実施されている（表11-2参照）。

　企業における仕事と育児・介護との両立を可能とする制度の推進も進められている。法を上回る基準の育児・介護休業制度（分割取得可能な育児休業制度、通算93日を超える介護休業制度、等）、仕事と家庭のバランスに配慮した柔軟な働き方ができる制度（育児や介護のための短時間勤務制度、フレックスタイム制、等）、仕事と家庭の両立を可能にするその他の制度（事業所内託児施設、育児・介護サービス利用料の援助措置、等）、育児・介護休業制度等の利用がしやすい雰囲気や、経営

表11-2　保育施設における子育て支援の実践例

支援の種類	内　容	具　体　例
場の支援	園庭開放 サロン	交流の場、人間関係の提供など
内容による支援	保育プログラムの提供	読み聞かせ、リトミック、手遊び、運動遊び、季節の遊び、オモチャ作りなど
相談支援	カウンセリング 電話相談	発達相談、育児相談、医療相談、家庭相談など
組織支援	サークル活動の支援 サークルリーダの養成	サークル活動のアドバイス、サークル交流イベントの開催など
啓発等	講演会 リフレッシュセミナー	親子講演会、託児付き講演会、ものづくりリフレッシュセミナー、養成講座

出典）北野幸子・立石宏昭編著『子育て支援のすすめ』ミネルヴァ書房, 2006年.

者や管理職の理解があること等、仕事と家庭との両立がしやすい企業文化のある企業については、厚生労働省により「均等・両立推進企業表彰（ファミリー・フレンドリー企業部門）」もなされている。他の模範となるような取組を行っている企業に、厚生労働大臣優秀賞、都道府県労働局長優良賞、都道府県労働局長奨励賞を授与しており、2007年までの間に310の企業が表彰されている。

　地域を拠点とする子育てサークルもみられる。地域の子育中の保護者が子どもと共に地域で多様な活動を行い、実際に、子育てを楽しみ、仲間づくりを行い、情報の交換や家庭保育での工夫を施し、共に子育てを行い、支えあっている。また、子育てサークルは、子育て最中の親子という当事者に加えて、行政当局やボランティア、地域の保育・児童福祉関係機関の職員など、多様な立場から支援がなされている。行政や関連施設の支援による子育てサークルの活動では、保護者がお客さんとなり、サービスを提供される立場となってしまう危険があるが、保護者自身が、子育てに関わる工夫を主体的にかつ他の親子と協働で行う場であることが望ましい。子育てサークルは、受動的傾向や子どもの成長と共に組織が消滅するといった課題を克服し、自分と自分の子どものみならず、他の家庭の子どもの保育について、地域の大人が積極的に関わることが期待される。

4　これからの子育て支援——参観から参加、さらには参画へ——

　これからの子育て支援には、支援するものと支援されるものの相互作用を大切にし、家族そして地域の繋がりを培うという、新たな視点が必要であろう。保育の分野では、これまでも、「共育ち」「共生」という言葉が大事な前提とされてきたが、子育て支援についても、一方向的な支援から、地域子育ち協働をめざす双方向的な概念への移行が望まれると考える。
　国際動向に目を向けると、親・家庭・地域との連携(parents involvement, family involvement, community involvement) が保育において重要であるとされ、「支援」ではなく、「連携」「協働」の意味をさす、involvement という語が一般的に使われている。昨今、モンスター・ペアレンツという言葉がメディアを賑わせているが、保護者をパートナーとして捉え、さらには地域の人々を保育や子育ての協働者として捉え、子どもの最善の利益を保障するという観点に立ちたいものである。
　幼稚園や保育所における参観日が保護者を園のお客さんと見なし、行政や施設によるサロンが保護者を単なるサービスの利用者と見なし、子どもの最善の利益を保障するという観点が薄れ、保護者の希望のみに添った場合、細切れの支援は、結局は恒常的な子育て支援とはなり得ないであろう。今日、グローバル化し情報化する社会は、知識基盤社会といわれ、知識や技術を覚えることのみよりも、それらを活用する力こそが必要とされている。イベント中心の単発的な保育参観ではなく、子どもと保護者が社会の人々とつながり、関係性を育みながら、つながり続ける力を培うことが大切である。
　昨今保育の現場でも「保育参加」という言葉が広まり、保護者がお客さんではなく、子どもと共に主体的に参加する機会が増えている。大人も子どもも共に教え教えられ、協働的に学びあうコミュニティの創造こそが、これからの子育て支援には望まれよう。そして、さらには、一人一人が主体となり、安心して喜びに満ちながら自らが子育てを行い、また地域で子育てが進められるように支援する、つまり、子育て支援への参画が進められることが期待される。
　世界の子育ての現場で、involvement（巻き込む、含有する）という語が活用されているように、地域に住む一市民として、責任と喜びを共に分かちあう、参画型の子育て支援の広まりが、これからの子育て支援に望まれるであろう。

注
1） Corter, C. and Pelletier, J. "Parent and community involvement in schools: Policy panacea or pandemic？", Bascia, N., Cumming, A., Datnow, A., Leithwood, K. and Livingstone, D. (Eds.), *International Handbook of Educational Policy*, pp. 295-327. Dordrecht Kluwer Pub 2005; Keyser, J., *From Parents to Partners: Building a Family-centered Early Childhood Program*, Redleaf Pr 2006; NAEYC 2006 "Families" *Young Children* Jan. 2006等、参照。

参考文献
独立行政法人労働政策研究・研修機構『育児休業制度に関する調査研究報告書』2003年。
北野幸子・立石宏昭編著『子育て支援のすすめ』ミネルヴァ書房、2006年。
内閣府『平成18年版国民生活白書——多様な可能性に挑める社会に向けて——』国立印刷局、2006年。
内閣府『平成20年版少子化社会白書』佐伯印刷、2008年。

第12章 障がい児保育の新潮流
――特別支援教育とのかかわりで――

　心身に障がいのある子ども（以後、障がい児）にとって、その障がいの治療・軽減や発育・発達の機会を保障していくためには、乳幼児期からの就学前教育（保育）として、障がい児保育の機会を提供することが重要である。また、障がい児保育を行う保育所や幼稚園では、専門性に裏付けられた保育・幼児教育実践が求められている。さらに、その後の学校教育では特別支援教育と医療・福祉の専門機関及び地域社会との連携が十分に保たれたうえでの継続的で一貫した支援が不可欠である。

　本章では、こうした状況を踏まえて障がい児保育の変遷から現状を分析し、その課題を明らかにする。さらに、新たに展開されている特別支援教育の現状と課題を検討し、特に障がい児保育との関係性を明確にした上で、障がい児保育と特別支援教育の支援システムの新たな展開について論じていきたい。

1　障がい児保育の現状と課題

1　障がい児保育とは

　ノーマライゼーション（normalization）やインクルージョン（inclusion）[1]といった理念のもと、わが国では統合保育[2]と称し健常児と障がい児を一緒にした保育が行なわれている。障がい児保育は「身体または知的に障害のある乳幼児を保育所等で受け入れて行われる保育」[3]であると定義されている。

　保育所における障がい児保育制度は、障がいの「早期発見・早期予防」の必要性を訴える全国的な運動によって、1974年に厚生省（当時）が「障害児保育事業実施要領」を定め、国の特別保育事業として実施されてきた。それ以降、制度の改正を重ねながら、障がい児保育を行っている保育所は増加してきている。しかしながら、その対象は① 保育に欠ける、程度の軽い障がい児であり、② 集団保育が可能であること、③ 日々通所できる者であること、など対象が中・軽度の障がい児に限定されている。また、障がい児保育を行う保育所に対

しては、利用する障がい児の保育処遇の向上を図るため、保育士の加配(増員)、財政補助等がおこなわれ、障がい児保育に必要な設備が整えられている。[4]

　幼稚園については、1974年から文部省（当時）が、障がい児を受け入れている幼稚園に対する助成事業として、障がい児が一定数在籍する私立幼稚園に補助金を交付している。[5]

2　障がい児保育実践

　障がい児保育の実践では、保育機能を十分に活用した保育が求められている。さらに、保育者は障がいに関する専門知識を持ち、個々の障がい特性に配慮した保育を行うことが重要である。つまり、障がい児保育に取組む際には、① 集団を通じて、障がい児の発達が促進されること、② 障がいの種類や程度に応じて適切に支援されること、③ 家庭や地域社会及び医療福祉の専門機関との連携を図ること、④ 障がい児との交流によって、健常児の発達が促進されること、などを十分に理解した上で支援を行う必要がある。統合保育の重要性について片山智子[6]は、子どもの成長過程では、日常生活の中で他者とのかかわりの大切さを示唆したうえで、子どもは他者との関係性を構築し相互に影響を受けながら成長していくと指摘している。つまり、障がい児にとって同年代の集団での豊かなかかわりは、今後の生活体験や人間関係を形成する上でも重要であるといえよう。

3　障がい児保育への取組

　障がい児保育が制度化されて久しいが、障がい児保育に取り組む保育所及び児童数はどのように変化してきたのだろうか（図12-1参照）。

　障がい児保育を実施する保育所は4381カ所、障がい児数は6373人であった1994年に比べ、2003年には7102カ所、障がい児数は1万492人に増加している。しかし、図12-1を見れば明らかなように、2003年までは障がい児保育を実施する保育所数、利用する障がい児の数は右肩上がりで増加してきたが、それ以降2008年では7260か所、障がい児童数は1万719人と、障がい児保育に取組む保育所、利用する障がい児も微増にとどまっている。この背景には、2003年から障がい児保育に要する経費が一般財源化されたことが原因の1つと指摘する声があり[7]、実際に障がい児保育の後退を余儀なくされた自治体もあることが報告されている。[8] つまり、この保育制度改革によって、地域における障がい児へ

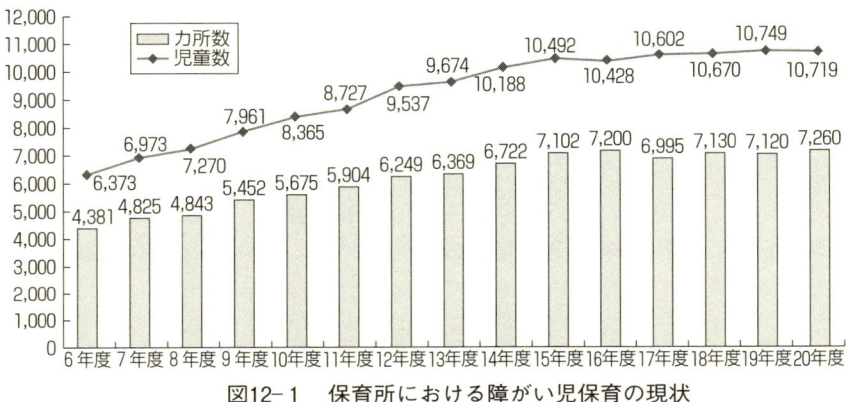

図12-1　保育所における障がい児保育の現状

注）児童数は，特別児童扶養手当支給対象児童数．
出典）子ども・子育て新システム検討会議作業グループ基本制度ワーキングチーム（第7回）説明資料．平成22年12月15日．

の保育サービス格差が表面化してきているとも考えられ、この地域格差を改善し全国一律のサービスを提供することは制度面から見た、障がい児保育の今後の課題とも言えよう[9]。

　また、障がい児への保育実践において、近年、障がい児保育を受ける子どもの障がいも多様化してきている。特に保育所においては、これまでも様々な障がいのある子どもを受け入れてきたが、近年、障がいの程度が重い障がい児以外にも、特別な配慮や支援を必要とする子どもの存在がクローズアップされてきている。具体的には、高機能自閉症、アスペルガー症候群、LD(学習障がい)、ADHD（注意欠陥多動性障がい）などの発達障がい児である[10]。また、知的には顕著な遅れは認められず、かつ医学的な診断も下されていないが、「落ち着きがない」「感情のコントロールができない」「他の子どもと頻繁にトラブルを起こす」などの特徴をもつ、いわゆる「気になる子ども[11]」の存在も挙げられる。特に幼児期には子どもの特徴が明確でなく、状況に応じて示す行動も異なるため、子どもの姿を理解することは必ずしも容易ではない。塚田毅[12]によれば、保育所・幼稚園1カ所あたりの発達障がい児の人数は、保育所では約6人、幼稚園では約8人となり、たいへん多くの発達障がい児や気になる子どもが保育現場に存在することを指摘している。このような特徴をもつ子どもたちに合った保育については、まだその支援方法が明確になっていない。保育・教育の質を高めるためにも理論構築および方法論の確立が求められている。

2 特殊教育から特別支援教育へ

1 特別支援教育の背景

　日本の障がい児教育には、インクルージョンといった考え方が大きな影響を与えている。国連では、1975年に「障害者の権利宣言」、1982年に「障害者に関する行動計画」、1989年に「児童の権利に関する条約（子どもの権利条約）」、1993年に「障害者の機会均等化に関する基準規則」が採択されている。この背景には、これまでの公教育から排除されていた重度障がい児を含めて、すべての子どもに教育の権利を保障すること、また、できる限り通常の環境で教育が行われる教育的統合を推進する目的があった[13]。インクルージョンの考えかたを広く知らしめたのは、1994年、ユネスコがサラマンカで「特別ニーズ教育世界会議」を開催し、サラマンカ宣言を採択、この宣言の中で、「インクルージョン」と「特別なニーズ教育」という新しい考えかたが提起されたことに起因する。つまり、これまでの障がい児教育からの転換を図るきっかけとなったともいえよう。

　そこで、文部科学省は、2001年1月に「21世紀の特殊教育の在り方について」を発表し、2003年3月に「今後の特別支援教育の在り方について」を示した。さらに、2005年4月には「発達障害のある児童生徒等への支援について」（通知）が、同年12月には、中央教育審議会初等中等教育分科会特別支援教育特別委員会より「特別支援教育を推進するための制度の在り方について」（答申）が示されている。これらの報告によって、障がい児教育は障がいの程度に応じた特別の場で指導を行う「特殊教育」から障がいのある児童生徒一人一人の教育的ニーズに応じて適切な教育的支援を行う「特別支援教育」へと大きな転換を図るきっかけとなったことが理解できる[14]。

　また、これまでの障がい児教育では対象とされていなかったLD、ADHD、アスペルガー症候群、高機能自閉症等の発達障がい児について、小中学校において新たな対象児童となった。さらに、2007年4月より施行された「改正学校教育法」により、これまでの盲・聾・養護学校は障がい種別を越えた特別支援学校に統合された。それにともない、特別支援学校は在籍する児童等の教育を行うほか、小中学校等に在籍する障がいをもつ児童等の教育について助言を行う旨を規定している。つまり、地域において特別支援学校がセンター的機能を

果たす役割を担っている。さらには、すべての特別支援学校及び小中学校において、特別支援教育コーディネーターを設置することとなり、病院や福祉施設等、関係専門機関との連携協力、学校内外や保護者との連絡調整等、多様な役割が期待されている。今後の障がい児教育においては、特別支援学校のセンター機能と特別支援教育コーディネーターが重要な役割を担う存在となる。

2 特別支援教育の課題

　特別支援学校には、従来の盲・聾・養護学校児童生徒への教育に加え、地域の小中学校等を巡回し、特別支援教育に取り組む教員への指導・助言するセンター的機能を果たす努力義務が規定された。しかし、現状では担当教員個人の力量に左右される部分が大きい。さらに、特別支援教育では、障がい種別が問われなくなるため、従来の盲・聾・養護学校がそれぞれ担っていた専門性が失われるとの危惧も指摘されている[15]。これからの教員は、学校種別に関係なく、特別支援教育に関する資質・能力が必要とされる。

　また、今後、期待されているのが、「特別支援教育コーディネーター」の存在である。特別支援教育コーディネーターの必要性が公的に示されたのは、文部科学省が設置した「特別支援教育のあり方に関する調査研究協力者会議」が2005年に取りまとめた「今後の特別支援教育の在り方について（最終報告）」である。その中で、「学校においては、教職員全体の特別支援教育に対する理解の下に、学校内の協力体制を構築するだけでなく、学校外の関係機関との連携協力が不可欠である」として、特別支援教育コーディネーターの必要性が示された[16]。特別支援教育コーディネーターの役割として、特別支援学校及び小中学校において、医療機関や各種福祉施設、地域社会との連携促進を図ること、さらに、学校内外や保護者との連絡調整などの役割が期待されている。

　また、新たな問題として特別支援教育の対象となる児童の障がいの種別が広がることにともない、障がい児というレッテルを貼られることへの保護者の不安が指摘されている。今後は、特別支援教育の必要性、重要性を地域社会へ啓発していくこと、かつ保護者への相談支援（ソーシャルワーク）も必要になると思われる。

3 障がい児保育と特別支援教育における支援システムの新たな展開

　特別支援教育制度は、保育の場にも少なからず影響を及ぼしてきている。障がい児保育の現場ではどのような心構えで、障がい児を小学校へとつなげていくことが求められているのであろうか。本来、障がい児の発達を保障していくためには、乳幼児期からの就学前教育（障がい児保育）と学校教育との連携が十分に保たれたうえでの支援が必要である。さらに、障がい児の将来を見据えた、長期的な支援を継続的に行うことは、障がい児が自立した日常生活を送るための重要な課題であると言えよう。そこで、障がい児保育と特別支援教育のかかわりについて、いくつかのポイントを挙げる。1点は保育所、幼稚園と小学校のさらなる連携促進、2点は障がい児への継続的な支援策の構築、3点は障がい児への一貫した地域総合支援策である。

　特に問題となっているのは、保育園、幼稚園と小学校の連携問題であろう。現在、保育所、幼稚園から小学校への移行については少なからず問題を抱えている。その背景には、保育者から保護者への地域の学校に関する情報伝達不足や、保育者と教育者の間で連携が不十分なために、障がい児の情報を共有できていないことが理由として挙げられる。まずは、保育所、幼稚園での障がい児保育支援と小学校、中学校での特別支援教育とが相互交流の機会をもち情報交換をしながら連携を深めていくことが必要である。

　次に、障がい児とその家族への継続的な支援策の構築については、就学前から学齢期、学齢期以降の生活を視野に入れた、継続的な支援を計画的に推進する必要がある。これまで、就学前後の関係機関で適切に情報共有がなされていなかった反省から、特別支援教育では「個別の支援計画」を作成することにより、障がい児とその家族の負担を軽減し、かつ関連する専門機関が協力して障がい児とその家族のライフステージを見据えた長期的な支援体制を構築することが期待されている。

　障がい児への地域総合支援策については、保育所、幼稚園と小・中学校の連携にとどまらず、地域に存在する各種福祉施設、保健所、行政、地域住民および保護者が連携を取りながら、障がい児への総合的な支援を行うことが期待されている。総合的な支援の方策として、現在、各市町村には、「市町村障害者計画」の策定が求められているが、その内容はさまざまで、地域によりかなり

のばらつきがあり今後の課題も多い。現在でも実際に、保健所の保健師を中心に、保育所、幼稚園、小・中学校（特別支援教室）、特別支援学校、各種児童福祉施設、障がい者施設、行政が連絡協議会を作り、障がい児への就学支援を実施している地域も存在する。今後は、地域を基盤とした障がい児保育、特別支援教育へのより具体的な支援策を提示していく必要であろう。

　最後に、今後は教育（特別支援教育）と保育（障がい児保育）の分野を別々に論ずるのではなく、すべての子どもの成長と発達を生涯にわたって保障するという立場で、保育から教育へ移行するための連携が計画的に進められ、かつ十分な支援内容が伴っていなければならない。さらに、移行のための連携システムを実現するためには、自治体が積極的に計画的かつ組織的に取組む必要がある。そこで、自治体、地域社会、各種専門機関、保育所・幼稚園、及び教育機関が障がい児保育と特別支援教育の一貫した支援システムを協同して構築することが求められている。

注

1) インクルージョンとは、メインストリーミング（mainstreaming）やインテグレーション（integration）に代わって用いられるようになった概念。通常教育と障がい児教育とを分立させるのではなく、両者を連続した1つの教育システムとしえ位置づけようとするもので包含教育とも訳されている。

2) 統合保育（integrated education）とは障がい児も健常児も同じ場所で保育・教育を行うこと。ノーマライゼーションの考え方を保育の現場において具現化するための1つの方策である。

3) 秋元美世・大島巌・芝野松次郎他『現代社会福祉辞典』有斐閣、2005年、225頁。

4) 本郷一夫「障がい児保育の目指すもの」本郷一夫編『障がい児保育』建帛社、2008年、1頁。

5) 当時は10人以上とされていたが、現在では1人以上に変更されている。地域により異なる。

6) 片山智子「障がいをもつ子どもと保育」水田和江・藤田久美編『〔第2版〕障がいをもつ子どもの保育実践』学文社、2005年、179頁。

7) 本文では，一般財源化を問題点の1つとして表記しているが，本来、一般財源化とは、従来国庫補助負担金や国庫補助金などの特定財源が使用されていた経費について、すべてを地方自治体の一般財源で賄うことを意味している。利点として、地方自治体（市町村）の実情に応じた障がい児保育への取組みが可能となり、地方自治体（市町

村）が主体的に障がい児保育事業を展開することができるようになった。このように、一般財源化には捉え方によって利点、欠点が存在し、識者によって賛否両論あることも付記しておく。

8） 石田慎二「障がい児保育政策の課題」『奈良佐保短期大学研究紀要』第12号、2004年、6頁。
9） 子ども・子育て新システム検討会議作業グループ基本制度ワーキングチーム（第7回）説明資料によれば、平成19年以降、特別扶養手当対象児以外の軽度障害者及び発達障害者も地方交付税加算対象に含まれており、平成20年度には保育所において受け入れている障害児数の総数は3万9557人となっている。
10） 発達障がいについての説明を次に記す。高機能自閉症とは、3歳位までに現れ、他人との社会的関係の形成の困難、言葉の発達の遅れ、興味や関心が狭く特定のものにこだわることを特徴とする行動の障がいである自閉症のうち、知的発達の遅れを伴わないものをいい、中枢神経系に何らかの要因による機能不全があると推定される。アスペルガー症候群とは、知的発達の遅れを伴わず、かつ、自閉症の特徴のうち言葉の発達の遅れを伴わないものである。学習障がい（LD: Learning Disabilities）とは、全般的な知的発達に遅れはないが、聞く、話す、読む、書く、計算する又は推論する能力のうち特定のものの習得と使用に著しい困難を示す様々な状態を指すものであり、原因として、中枢神経系に何らかの機能障がいがあると推定される。注意欠陥／多動性障がい（ADHD: Attention-Deficit/Hyperactivity Disorder）とは、年齢あるいは発達に不釣り合いな注意力、及び／又は衝動性、多動性を特徴とする行動の障がいで、社会的な活動や学業の機能に支障をきたすものである。7歳以前に現れ、その状態が継続し、中枢神経系に何らかの要因による機能不全があると推定される（「特別支援教育を推進するための制度の在り方について（答申）」）。
11） 本章では、発達障がいの診断を受けている子どもと、発達障がいが疑われるが診断が下されていない子どもを区別して「気になる子ども」と表現している。また、知的障がい児や、子ども本人の問題ではなく、親や家庭環境の問題（例えば児童虐待など）で特別な配慮を必要とする子どもについても「気になる子ども」と表現にしている。
12） 塚田毅「障がい児保育のしくみ」本郷一夫編『障がい児保育』建帛社、2008年、18頁。
13） 宮崎眞「特殊教育から特別支援教育へ」氏森英亞・宮崎眞編『一人ひとりの教育ニーズに応じた 特別支援教育入門 発達支援の基本と実際』川島書店、2006年、6頁。
14） 同前、8頁。
15） 参議院ホームページ、障がい教育の新たな展開――特殊教育から特別支援教育へ
http://www.sangiin.go.jp/japanese/annai/kounyu/20060407/2006040725.pdf
16） 柘植雅義『特別支援教育の新たな展開 続・学習者の多様なニーズと教育政策』勁

草書房、2008年、70頁。
17) 川上輝昭「特別支援教育と障害児保育の連携」『名古屋女子大学紀要』第51号、2005年、149頁。

参考文献
伊藤良高・中谷彪編『子ども家庭福祉のフロンティア』晃洋書房、2007年。
清水貞夫『特別支援教育と障害児教育』かもがわ出版、2003年。
鈴木文治『インクルージョンをめざす教育——学校と社会の変革を見すえて——』明石書店、2004年。
堀智晴『障害のある子の保育・教育——特別支援教育でなくインクルーシブ教育へ——』明石書店、2004年。
山口洋史『これからの障害児教育——障害児教育から「特別支援教育」へ——』ミネルヴァ書房、2004年。
特別なニーズ教育とインテグレーション学会編『特別なニーズと教育改革』クリエイツかもがわ、2002年。
福永博文・藤井和枝編『障害をもつ子どもの理解と援助』コレール社、2001年。

第13章 世界の子育てと幼児教育

―― 比較子育て文化論 ――

1 アメリカの子育てと幼児教育

1 アメリカの学校制度と幼児教育

　アメリカでは、教育は基本的に各州の権限に属している。しかし、その州も学校の実質的な運営の権限を学区（school district）と呼ばれる地方教育行政単位に委ねている。学区では、教育委員会（board of education）が学区内の教育機関の管理運営を掌っている。したがってアメリカでは、義務教育年限、高校卒業資格などが州ごとに異なり、始業日・終業日・休校日・年間授業時間、中学校や高等学校の進級学年の区切り、カリキュラム、飛び級などの方針は学区ごとに異なるということがあり得る。このことから、「アメリカの教育」は一律ではないが、全国的に見れば、義務教育制度の統一が保たれていると言うことができる。

　図13-1に見るように、学校制度は州によって違うが、近年では、幼稚園（Kindergarten）1年、小学校（Elementary School）5年、中学校（Middle School）3年、高校（High School）4年で計13年とするところが多い。日本の幼稚園の年長組に当たる幼稚園の1年間は、小学校の1年生の下に同じ校舎の中に設置されている。

2 就学前教育

　アメリカで初等教育段階前の幼児教育機関を、プレスクール（Preschool）またはナーサリースクール（Nursery School）と呼ばれている。日本の託児所や保育所に当たる施設はデイ・ケアセンター（Day-Care Center）と呼ばれることが多い。ただし、日本のように働く親のための保育所という位置づけはない。保育時間は短いので、ベビーシッターを併用する家庭もある。日本の年中組に当たる学年は、幼稚園に入る手前の学年ということで、プレ・キンダーガーテン（Pre-

第13章 世界の子育てと幼児教育

米国の学校教育制度

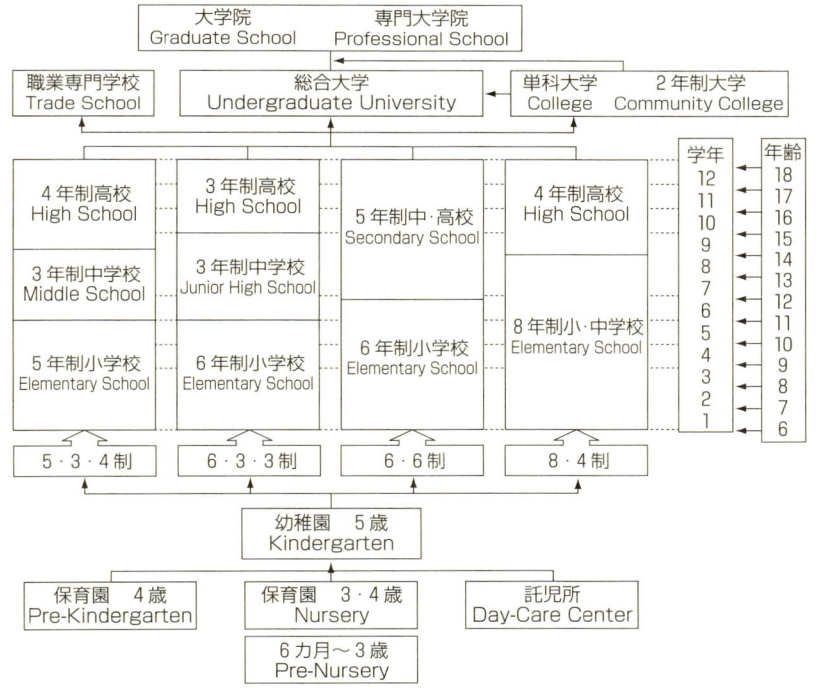

```
                    ┌─────────┬─────────┐
                    │ 大学院   │ 専門大学院│
                    │Graduate │Professional│
                    │ School  │ School   │
                    └─────────┴─────────┘
┌─────────┐ ┌──────────────────┐ ┌────────┐ ┌────────────┐
│職業専門学校│ │    総合大学        │ │単科大学 │ │ 2年制大学   │
│Trade    │ │Undergraduate     │ │College │ │Community   │
│School   │ │University        │ │        │ │College     │
└─────────┘ └──────────────────┘ └────────┘ └────────────┘
```

図13-1　米国の学校教育制度

（学年/年齢の対応：12/18, 11/17, 10/16, 9/15, 8/14, 7/13, 6/12, 5/11, 4/10, 3/9, 2/8, 1/7, /6）

構成：
- 5・3・4制：5年制小学校／3年制中学校（Middle School）／4年制高校（High School）／Trade School
- 6・3・3制：6年制小学校／3年制中学校（Junior High School）／3年制高校（High School）
- 6・6制：6年制小学校（Elementary School）／5年制中・高校（Secondary School）
- 8・4制：8年制小・中学校（Elementary School）／4年制高校（High School）

幼稚園　5歳　Kindergarten

- 保育園　4歳　Pre-Kindergarten
- 保育園　3・4歳　Nursery
- 6カ月～3歳　Pre-Nursery
- 託児所　Day-Care Center

Kindergarten）とも呼ばれている。プレ・キンダーガーテンには約100万人、幼稚園には約340万人が就園している。

ドイツから移民してきたマーガレット・M. シュルツ（Margarethe Meyer Schurz, 1832-1872）が1856年11月にウィスコンシン州ウォータータウンにアメリカ最初のドイツ語の幼稚園を創設し、彼女自身が教師としてフレーベル幼児教育の理論と方法で指導を行い、1860年にボストンに、エリザベス・P. ピーボディ（Elizabeth Palmer Peabody, 1804-1894）がアメリカ最初の英語幼稚園を創設して以来150年で、アメリカの幼児教育は目覚ましい発展を遂げてきた。

幼児教育機関には、公立、私立のほか、YMCAや非営利団体が経営するもの、会社が社員の子どもたちのために設置しているものなど、多様な形態がある。公立の幼稚園は無償が原則であるが、私立の幼稚園やその他の幼児教育機

関は有償である場合が普通である。

　幼児教育機関に入園する子どもの数が増加してきているが（就園率55％以上）、これには、教育の機会均等が浸透して来ているという理由の他に、働く母親の増加、離婚の増大、幼児教育への過度の期待などの事情がある。

　以下では、ニューヨーク市郊外で、子どもを幼稚園に通わせた体験をも踏まえて、アメリカの幼稚園の保育の一端について述べてみたい。

3　幼稚園の実際

　一概には言えないが、アメリカの幼稚園の多くは、1910年代に紹介されたモンテッソリー（M. Montessori）の教育法の影響を強く受けていると言ってよい。幼稚園のカリキュラムについて言えば、1960年代にアカデミックな知識や技術が重視され、それが幼児の負担となった反省から、1990年代後半からは、問題解決的学習や経験主義的学習が取り入れられている。そのため、幼稚園の教育の実際では、子どもの自発的な行動や遊びを重視し、経験から学ぶことが大切にされている。

　教室では、教師がクラスの園児を一斉に保育する指導法や、班別に保育する指導法も採用されているが、園児が自由に活動し、それを教師が見守る（個人指導する）という保育が多いのが特徴となっている。これは、各園児の興味と関心を尊重し、学習や遊びを自主的自発的に選択させる意図があるのであろう。その意味では、すぐれてアメリカ的（個人主義的）な子育て方法であると考えられる。

　個人指導が徹底できるのは、クラス定員が20名程度で、担任教師と教師助手の２名で保育を行うという条件が整備されているからである。もちろん、発達支援を必要とする幼児に専門の教師やカウンセラーが配属されていることは言うまでもない。

　特記しておきたいことの１つは、多くの幼稚園では、幼稚園の教育活動内容や園児の園での様子を紹介した「幼稚園ニュース」（新聞）を保護者宅に郵送しているということである。これは、説明責任（アカウンタビリティ）を果たし、園と家庭の連携を促進する努力の１つである。

　２つは、園内における園児の保育と安全確保の責任は園側にあるが、園外のことは保護者の責任であると確認されていることである。したがって、登園・降園の送迎は、保護者の当然の責任であると認識されている。

4 当面する課題

アメリカの幼児教育の当面する課題は何か。ここでは数点だけ指摘しておこう。

第1点は、格差社会の進行によって、教育の機会均等の空洞化が進行していることである。なるほど、機会の国アメリカでは、教育においても、機会均等の理念が重要なキーワードとして尊重されてきたし、その理念がある程度現実化されてきたのも事実である。しかし、昨今では、経済的格差の拡大の進行とともに、教育機会の格差が顕著になってきている。富める家庭の幼児が通う幼稚園と、そうでない家庭の幼児が通う幼稚園の差が歴然としてきている。幼児期における教育機会の不均等の是正が急がれなければならない。

第2点は、多民族国家アメリカの宿命であるが、多様な文化的・民族的・人種的・宗教的差異から生じる諸問題に対する配慮と尊重とが、幼児教育においてどこまで確保されているかという問題である。これらの問題への対処を巡って、園と保護者との間で、保護者と保護者との間で、トラブルが生じるケースも少なくない。

第3点は、幼稚園教師の専門性の確保と待遇の改善という問題である。教師の待遇の悪さはアメリカ教育の最大の問題点であるが、幼稚園教師の場合もほぼ同じか、またはそれ以下である。優秀な人材を幼児教育界に招き入れて、幼児教育のレベルアップを図るという方策が緊急に取られる必要がある。幼児期の行き届いた教育が就学後の大きな成長と発達を約束することを考えると、幼児教育政策の充実こそアメリカの直面する重要な課題と言える。

2　フランスの子育てと幼児教育

フランスが合計特殊出生率の回復に成功した（1999年には1.66であったのが2006年には2.01となった。2006年の日本は1.32）ことは広く知られているが、その一因は子育て・幼児教育環境の充実にあるといえよう。女性が出産後も仕事をつづけるのは当たり前のようで、フランスの女性年齢別労働力率には、「M字曲線」は存在しない。

1　フランスの幼児教育制度

フランスの幼児教育は、主として幼稚園にあたる保育学校（école maternelle）

において行われる。保育学校の就学率は2006年では２歳児で23.4％、３〜５歳児では100％である。就学時間は概ね８時半から16時30分までである。児童数でみると、公立保育学校が88％を占め、それは無償である。時間終了後は有料で延長保育（パリ市の場合16時30分から18時30分、「気晴らしを楽しむ（goûter récréatif)」と呼ばれている、絵本を見たり、お話を聞いたりする）を頼むこともできる。

フランスにおいて保育学校は、初等教育の一環としての、文字通り「学校（école）としての位置付けであり、フランスでは保育学校・小学校の免許は共通である。また、小学校と同じく水曜日も休日である。

保育学校の年長（５歳）と、小学１、２年生が同じ学習サイクルとして位置付けられていて、小学校におけるフランス語や算数の学習とのつながりが意識されている。教育要領にある「文字表現を発見する」の項目では、「口頭による表現活動」「読み書きの習得の準備」「アルファベットの原則の習得」「書く行為」といった内容が登場し、小学校の準備期間としての要素が高まっている。[1]

水曜日や休日（ヴァカンス）には「余暇センター」に子どもを預けることができる。余暇センターでは保育学校生、小学生が一日を過ごすことができる場所であり、文化、芸術、スポーツ、野外活動などさまざまな遊戯活動（例えば、粘土細工、童話、ビデオ、自転車など）ができる場所である。ヴァカンスにはキャンプや海に宿泊を伴って行くこともできる。

日本の保育所にあたるものとしては、大きく分けて集団保育を行うところと、個人保育を行うところがある。集団保育を行うところとしては、集団保育所（crèche collective）は２カ月半から３歳までを対象に、有資格者が保育を行う。親の自主管理保育所（crèche parentale）は、２カ月半から３歳までを対象に、親同士が自分たちも参加し有資格者の援助もうけながら保育を行う。２、３歳の子どもを受け入れる母親園（jardin maternel）は家庭から保育学校への過渡期の役割を果たす。２〜４（６）歳の子どもを受け入れる子ども園（jardin d'enfants）は保育学校が休みのときもやっている。

一時託児所（halte-garderie）は２歳半から６歳を対象に、部分的な時間保育、一時保育を行う。子育てをする親にとって少し息抜きをする場となったり、保育学校にいく前の子どもに集団生活に慣れされる機会となっている。

個人保育を行うところとして、家庭保育所（crèche familiale）は２カ月半から３歳までを対象に家庭保育員（assistant(e) maternel(le)）が家庭で１人から３人の子どもを同時に見る。自治体かアソシエーションが有資格者を雇用し、ネットワー

クをつくる。
　家庭が家庭保育員を雇用し、料金は交渉によって決めるという場合もある。子守りを親が直接雇用する場合もある[2]。

2　フランスの子育て文化

　フランスの子育て・幼児教育に影響を与えているものとして、精神分析医であった Dolto の理論がある。Dolto は早くから子どもを一人の独立した人間として自立（autonome）させることを強調する。「教育の根本的目的は、子どもを自立させることである。それゆえ子どもに余計な規則を課すことなく、できるだけ自由にさせておかなければならない。例えば、3歳からは子どもは食事や服について完全な自由がある[3]」という。たとえ、子どもが服を逆に来ていたとしても自分が気づいたときに直させればよいと考える。子どもは「一人の人間（personne）」である。

　実際、例えば親の自主管理保育所の「保育計画」おいても、「すべての子どもは自分の親近性、好み、仲間、遊び、活動を選択する自由を感じなければならない。子どもは徐々に一人ですることを学ぶ[4]」とある。保育学校においても、給食は子どもにアシスタントに手伝ってもらいながら欲しいものを欲しいだけとらせる、など自己決定が重要視されており、親についても「自分の育児法は自分が決める」のであって他からの干渉を嫌う傾向にある[5]。家庭のことは公的機関には干渉されないなどとして、婚姻届を出さない同棲カップルも増え、婚外子は2006年に半数を超えている。離婚率も高く、複合家族（famille recomposée、多くの場合異父（異母）きょうだい、継父母、などから構成される）も珍しくない。

3　中国の子育てと幼児教育

1　中国の子育て
1）特徴
　中国数千年の歴史において、小農経済は社会形態の基本であった。そのなかで、子育ての理念と習俗が形成された。社会の変化とともに、子育ての様式も大きく変化しているが、伝統文化の強い影響もあって、各時代に共通している育児・子育て観も少なくない。
　a　「家族繁殖」「養老防老」のための育児

表13-1　中国湖北省、広東省等の農民の育児目的（1982～1986年）

調査年月	調査地	育児目的（%）						見本数（人）
		養老防老	家族繁殖	労働力増加	家族勢力拡大	夫婦感情増進	其他	
1983.9～10	湖北紅安、宜都	67.10	19.70	8.23	2.30	1.30	1.30	462
1986.9	湖北襄陽県	43.53	36.38	18.97	—	1.12	—	890
1982	広東順徳	72.93	22.30	22.30	—	—	4.73	148
1984	湖南吉首	59.90	59.90	40.10	—	—	—	1200
1984	山東莱蕪、諸城、文登	34.50	34.50	21.62	19.57	—	—	236

出典）辜勝祖等『婚姻, 家庭, 生育』武漢大学出版社, 1988年, 197頁.

「家族を繁殖する」「高齢者を扶養する」という育児目的は、今日においてもなお、人々の間で大きな比重を占めている。特に、農村地域では、根本的な変化が見られない（表13-1参照）。

　b　大人の付属品としての子ども

子どもを親の付属品とみなす伝統的観念は、今日も根強く存在している。昔であれば祖先の名を上げること、今では子どもの出世を願うことの根底にあるものは同じである。子どもを親の欲望の道具にしており、子どもの個性を伸ばすことや子どもの考えを尊重することを鑑みない傾向が広く見られる（表13-2参照）。

　c　一人っ子育て

1979年、中国政府は、「一人っ子」政策を実施し始めたが、現在、一人っ子は１億人前後であると推定されている。「４・２・１」（両家の祖父母４人・親２人・子ども１人）という家族構造により、一人っ子の生活条件・教育条件が良くなっているが、他方で、子どもが過保護に育てられ、出世競争に追われ、自分

表13-2　子どもの教育についての考え方（%）

区分	勉強が好きになる子に育てたい	特技より高学歴を持つよう育てたい	子どもの教育に全力を注ぎたい	子どもの得意分野を生かせるように育てたい	子どもの個性を伸ばせるように育てたい	子どもの考えを尊重したい
中国	70.8	20.6	62.0	39.5	41.5	31.2
日本	14.2	0.5	13.6	64.4	61.3	41.3

出典）日本子ども家庭総合研究所編『日本子ども資料年鑑2002』KTC中央出版, 64頁, II-2-6図の部分より作成.

で物事を処理できず、協調性に欠け、わがままで物を大切にしない「小皇帝」に育ってしまうなどの問題も指摘されている。

2）中国育児の進歩

20世紀、特に1980年代に入って以降、社会改革開放を契機とする中国経済の発展により、国民所得は増加し、生活水準は上昇しつつある。そのなかで、伝統的価値観や道徳観、生活様式、育児理念は大きな変化をせまられ、育児においても、民主・平等・人権などの観念が広がった。1986年、中国は「子どもの権利条約」の締約国になった。さらに、世界からの信頼を得るため、ここ20年余り、「母乳児保健法」(1994年)、「中国児童発展綱要（2001〜2010年）」(2001年)、「母乳児保健法実施細則」(2001年)、「未成年者保護法」(2006年) 等の法律が制定されている。これらの法令は、中国の育児に大きな影響を与え、全国の育児機構や親のしつけ・子ども観が大きく様変わりしつつある。

2 中国の幼児教育
1）現状と動向
a 現状

中国は世界最大の人口大国であるが、3〜6歳の子ども数は約7000万人である。主な保育施設は、幼稚園と託児所である。0〜3歳の乳幼児はほとんど家庭で育てられ、一部は託児所で保育を受けている。子どもは3歳になってから、幼稚園に通い始めるが、保育期間は3年である。近年、2歳児クラスを設置し始める幼稚園も増えつつある。大半の幼稚園は全日制を実施しているが、半日制と寄宿制の幼稚園もある。

2006年の統計によれば、全国で、幼稚園は13万500カ所あり、教諭は77万6500人、園児数（1年間の保育を含む）は2263万8500人である。平均入園率は約42.5%である。就学前の1年間保育の割合は74.6%に達している。[6]

b 動向

1903年に中国で最初の幼稚園が設立されて100年以上が経過した。時代の変化とともに、そのあり様も変わってきている。特に、改革開放以来、幼児教育の理念や教育課程、制度の改革には著しいものがある。

幼児教育理念の変化としては、「幼稚園工作規程」(1996年) 及び「幼稚園教育指導要領（試行）」(2001年) の制定がその代表的なものといえる。幼児の全面的かつ持続的な発達を目指して、前者は、「体・智・徳・美の全面的な教育を

施し、子どもの心身の調和的な発展を促進する」という幼稚園の役割を規定している。また、後者は、生涯教育の視点から、幼児教育の特質を再認識し、「子どもの一生の発展のためによい基礎を作る」、「子どもに安全的、充実的な生活と活動環境を提供し、快活な生活を展開する中で、心身の発展に有益な経験をさせる」、「子どもの人格と権利を尊重し、子どもの発展の原則と学習特徴を尊重し、個人差を配慮し、一人一人の子どもの個性を生かす」など新しい幼児教育像を提示している。

幼児教育課程については、ここ30年間で、大きな変化が見られる。例えば、画一的で一斉の集団授業を主とする指導から、総合的で、集団・小グループ・個人を組み合わせた柔軟的な指導に変わってきている。知識・技能を教え込む授業から、環境づくりや生活・遊びを通して、子どもに学習させる形に変わってきている。教材中心・教室中心・教師中心の教育から、生活に密接した子どもの体験と活動の過程を重視し、子どもの学びを支援することを大切にしている。

中国社会の計画経済から市場経済への移行に伴い、幼児教育制度は、国・公立幼稚園のみという単一的な制度から、国・公立幼稚園と私立幼稚園との共同発展の体制に代わってきている。2006年の統計によれば、私立幼稚園の割合は幼稚園総数の58％を占めている。

2）**問題**

a　幼児教育への財政的投入不足

幼児教育経費が中国教育総経費に占める割合はきわめて少ない。例えば、2003～2005年において、その比率は1.2～1.4％にすぎない[7]。

b　地域間、都市・農村間のアンバランス

社会経済や文化、伝統観念等の影響により、地域の幼児教育の水準に著しいアンバランスがある。特に、入園率、経費投入、施設設備、教師の資質などにおける格差が大きい。例えば、人口10万人比における幼稚園数は最大15.85倍の格差があり、また、100名の子どもに提供される絵本数には最大7.03倍の格差がある[8]。経済が発達している東部地域の入園率は85％を超えているが、中西部地域においては、50％以下である[9]。

c　商業化、受験化傾向

高度経済成長は、文化と教育のあり様に大きな影響を及ぼしている。高収益を目的とする豪華型幼児教育施設や各種の塾が汎濫するなかで、受験訓練を目

指し、小学校化する幼稚園も珍しくない。
　　d　教諭の資質の低下と数の不足
　全国の幼稚園教諭で、大学教育を受けた者はわずか8％しかおらず、中等専門学校卒が約40％を占めている。約10％の教諭は専門教育を受けておらず、なかには、高校卒の学歴にも達していない者もいる。[10]
　教諭数の不足は深刻な問題である。2005年で見れば、教諭と子どもの平均比率は1対30.2で、農村部においては、1対36.1となっている。OECD加盟国の1対14.4という水準を大幅に下回っている。[11]
3）展望
「中国児童発展綱要（2001～2010年）」は、①就学前教育を一層発展させる、②0～3歳乳児保育管理体制を立て直し、合理的に企画する、③幼稚園を管理し、様々な方法を通じて幼児教育を発展させる、という計画を立て、2010年までに、3年保育の割合を55％に引き上げる目標を設定している。[12]
　今後、中国の幼児教育は、①政府の責任を強化しつつ、教育投入を増加する、②幼児教育法を模索し、国・公・私立の保育施設をともに発展させ、保育の質を向上させる、③保育施設と地域の家庭援助施設の連携を進め、地域社会と家庭の教育力を活かし、0～6歳までの児童保育ネットワークをつくる、④すべての子ども、特に、農村や少数民族地区にある子どもに、保育を受ける機会を保障する、などが課題となっている。

4　韓国の子育てと幼児教育

1　韓国伝統社会における幼児期の子育て

　近代以後、韓国の子育ては儒教的教育観に基づいて行われてきた。子どもは家門の継承者、家庭経済の支援者（労働提供者）、父母奉養（老後世話人）、奉祭祀の担当者として期待されてきた。このような期待に従って子どもを育ててきたので、子育ては家門共同の関心事であり、共同の責任として認識された。ここで重要視されたのは人間教育であり、これが子育ての基本方向であり、目的であった。
　このような基本原理に基づいた教育が始まるのは子どもの出生以前からである。胎教と言われるこの時期の子育ては、妊娠中の正しい心構えや行動・言語などについての慎みが説かれ、人の生においてお腹中の10カ月は生後10年より

重視された（「胎教」から始まる「早期の人間教育」）。また、家庭では、子どもに挨拶、食事・言語・対人関係における礼儀などを日常生活の中できちんと教えなければならない、とされた。子どもが幼い時からよく耳にするのが、「三歳の癖、八十歳まで行く」という諺である。方法的には、厳格性と柔軟性の調和を重視し、厳しさは父の、柔らかさと柔軟性は母の教育方法として代表され、各々の役割が分担されることによって強柔と厳慈のバランスを取ろうとした（厳父慈母）。この過程で、親は模範を示すモデルとして期待され（モデル教育）、場合によっては、ムチの体罰も愛のムチとして容認された。基本的に子育ては家庭で親が中心になって行うが、地域社会全体がしつけを教える方式であり（「我々の子ども」の教育）、上流階層である両班（ヤンバン）家庭では、乳母や家庭教師（訓長）、また、書堂（寺子屋）教育が並行されることもあった。このような韓国の儒教社会での子育ては、数百年間長く続いてきた。

2　現代韓国社会における幼児期の子育て──家庭と幼児教育施設との分担──

　1945年に日本植民地から解放された韓国社会は、いろいろな変化の渦の中にあった。特に、西洋文明の流入と"漢江の奇跡"ともいわれる急速な経済発展により、家族構造も急変し、また、韓国社会の儒教的価値観も大きく揺れ、子育てにも大きな影響が及ばされた。以前のような"家門"中心ではなく"個人"中心の意識が強くなると同時に、西洋の平等的水平的価値観の影響で、子育ても"大人"から"子ども"中心に移される変化が進んだ。

　特に、価値観の変化とともに伝統的な階層社会が崩れ、学歴と学閥は階層移動の第一の重要な手段としてみなされるなど、韓国の学歴社会的特徴を強めていく。また、女性の社会的活動の増加により、家庭の子育て機能は弱化される一方、家庭外の教育施設を増やし、幼児期の子育ては、家庭と教育施設との分担構造で進んでいる。家庭外の子育て機能を担う初等教育段階以下の幼児教育機関は、幼稚園と子どもの家（日本の保育所に当たる）が代表的である。幼稚園は、幼児教育法に基づいて運営される教育機関で、3〜5歳で始まり、期間は1〜3年である。国公立の場合、初等学校（日本の小学校に当たる）併設の幼稚園と単独の国公立の幼稚園に区分され、運営方式は午前中だけ運営する半日制と全日運営する終日制の2類型がある。幼稚園は、幼稚園教育課程（日本の幼稚園教育要領に当たる）に基づいているが、基本方向は遊び中心である。しかし、実際には、読み書き算の3R'sを教えているのが普通である。最近では、韓国

社会の英語ブームに乗って、私立の英語幼稚園が増えている現象も見られる。

子どもの家は、保健福祉部の管轄で、嬰幼児保育法に基づいて運営されており、国公立、民間、家庭保育施設などに分けられる。0歳から就学前の幼児を対象として保育が行われているので、以前、家庭で行われた子育ての相当部分がここで行われているともいえる。

このように、公立の幼児教育機関のほか、私立、宗教団体など非営利団体などが運営するもの、会社が社員の子どもたちのために設置しているものなど、多様な形態がある。公立の幼稚園は就学前の1年は無償になっているが、私立の幼稚園やその他の幼児教育機関は有償が普通である。私立の幼児教育機関には子どもの部屋（託児と教育機能を並行する全日の幼児教育施設）、午前中は幼稚園の方式で運営し、午後は美術、音楽、体育などの稽古をやっているところ、あるいは、英語などの第2の外国語を教えているところなど多様な運営方式がある。また、幼稚園とは別途で、幼稚園が終わってから通う美術、音楽、体育活動のプログラムを運営している学園（日本の稽古に当たる）があり、実際に多くの子どもがこれを利用している。

3　今後の課題——過去の視点から見る現在の子育て——

韓国における子育ては、価値観と社会構造の変化とともに、その目的と様式も大きく変化している。過去と現在は、異なる枠の中で各々の役割と特徴を示しているので、社会構造とその要求を無視して、過去と現在の子育てを単純に比較評価することはできない。しかし、伝統社会の子育ての観点から見ると、今の韓国社会の子育てはいくつかの課題を抱いていると思われる。

まず、1つめに、子育てにおいて「人間教育」の観点が弱くなっている点である。昔から韓国社会において、子育てを胎教から考えたのは、早期から「人格」形成の土台を作るためであった。それだけ、伝統社会での子育てでは人間教育がもっとも核心を占めてきた。ところが、胎教からの早期教育は、今も依然として続いているが、現在の早期教育には、「人間」より「学力」の基礎づくりの意味がより強く見えている。幼児期の教育は遊び中心であるといえるが、韓国の学歴社会の影響が幼児期からの子育てまでに至っているのである。

2つめに、子育てにおける父母の役割の弱化である。伝統社会の子育てには、父母は生活のモデルとして期待されると同時に、厳しい原則と暖かい愛の調和の象徴的方法であった厳父慈母の教育原理の実践者、そして、地域社会におけ

る教育共同体を担う役割も期待された。父母は自らこれらの役割を明確に認識し、実践しようとしたのである。しかし、今は、父母役割の相当の部分が幼児教育施設と分担されているためか、父母の子育ての主担当者としての認識も弱くなっている。幼児教育施設に対する依存度が高まるだけ、父母としての責任意識が弱化されているのである。

このような問題は、今後、幼児期の子育てでもっとも重視することが何か、また、幼児教育施設と家庭との役割分担はいかなる方向で行われるべきかに対する議論を要請している。

注
1) B.O., hors-série No. 3, p. 13, 2008.
2) Tout-petit à Paris, Mairie de Paris など、筆者がパリ市役所で入手したパンフレットなどによる。
3) Jean-Claude Liaudet, *Dolto expliquée aux parents*, J'ai lu, 2007, p. 149
4) Crèche Parentale A Petits Pas, Projet d'établissement, 2007.
5) 汐見稔幸編著（大枝桂子構成・文）『世界に学ぼう！子育て支援』フレーベル館、2003年、85-111頁、参照。
6) 中国教育年鑑編集部『中国教育年鑑』人民教育出版社、2007年。
7) 教育部財務司『中国教育経費統計年鑑』中国統計出版社、2004〜2006年。
8) 李健寧「わが国の幼児教育発展格差についての研究」『蘇州大学教育学院紀要』2007年10月。
9) 王化敏「幼児教育発展についての調査報告」『早期教育』、2003年5月。
10) 『中国教育統計年鑑2006年版』人民教育出版社、2007年、186-187頁。
11) 同前。
12) 「中国児童発展綱要（2001〜2010年）」中国国務院、2001年。

参考文献
伊藤良高・中谷彪・浪本勝年編著『現代の幼児教育を考える〔改訂新版〕』北樹出版、2007年。
中谷彪他著『子どもと教育』現代図書、2008年。
浅野素女『フランス父親事情』築地書館、2007年。
中島さおり『パリの女は産んでいる』ポプラ社、2005年。
中島さおり『パリママの24時間』集英社、2008年。
牧陽子『産める国フランスの子育て事情』明石書店、2008年。

索　引

〈ア　行〉

愛国心　21
ICT社会　38
預かり保育 → 教育課程に係る教育時間の終了
　　後等に行う教育活動
アスペルガー症候群　101
生きる力　23，85
育児・介護休暇制度　95
1.57ショック　3，90
インクルージョン　99
インターネット社会　44
ADHD　101
嬰幼児保育法（韓）　119
LD　101
園外研修　83
エンゼルプラン　94
　　新——　94
　　新新——　94
園内研修　83
親が育てば子も育つ　75
親育ち　14
親と子の育ちの場　5，72

〈カ　行〉

学習意欲　34
家族の日　95
学級崩壊　59
学校教育法　1，25，52
　　——施行規則　77
学校経営　75
学校評価　17
学校評議員制度　17
家庭の子育て力　13
家庭保育所（仏）　112
簡易幼稚園　51

看護休暇制度　94
気になる子ども　101
規範意識　40
規範性　35
基本的な生活習慣　12
キャリア・モデル　83
教育　18
国家及び社会の形成者　20
教育課程に係る教育時間の終了等に行う教育
　　活動　33，35
新・教育基本法　21，34
旧・教育基本法　1，19
教育基本法制定の要旨　20
教育基本法要綱案　19
教育刷新委員会　19
教育週数　17
教育職員免許法　28
教育振興基本計画　3
教育勅語　18
教育を受ける権利　1
協同的な学び　60
苦情解決制度　72
経営戦略　73
経営ビジョン　77
携帯電話　39
厳父慈母　118
高機能自閉症　101
公共の精神　21
構造改革特別区域法　54
告示化　35，73
心育て　47
子育てサークル　96
子育て支援　27，93
子育て支援システム　14
子育ての共同化　29
　　——の孤立化　14

──の負担感　12
子育て不安　32
子ども家庭福祉学　88
子どもの家（韓）　118
子どもを取り巻く環境の変化を踏まえた今後の幼児教育の在り方について　4，11，59
コミュニケーション能力　42
コミュニテイ・スクール　28
5領域　23
根拠に基づいた実践　85
今後の特別支援教育の在り方について　103

〈サ　行〉

再教育　82
サマランカ宣言　102
仕事と育児の両立支援　15，94
次世代育成支援　3
──対策推進法　35，94
児童虐待防止法　29
指導教諭　17，77
指導計画　35
児童ソーシャルワーカー　88
児童福祉法　2，52
社会事業法　52
社会性　13
社会福祉法　71
就学前の子どもに関する教育、保育等の総合的な提供の推進に関する法律　55，72
集団保育所（仏）　112
主幹教諭　17，77
主任保育士　76
シュルツ　109
小一プロブレム　25
障がい児保育　99
障害児保育事業実施要項　99
小学校学習指導要領　61
省察　83
少子化　13，31，90
少子化社会対策基本法　94
少子化社会対策大綱　93

情報教育　39
食育基本法　35
私立学校振興助成法　3
人格の完成　1，20
新幼稚園教育要領　33
スクールマネジメント　75
生活科　62
生活環境知　81
生活の連続性　34
性別役割分業思想　15
接続期　63
全国保育士会倫理綱領　84
戦時保育所　52
全米乳幼児教育協会　83
専門職化　83
総合学習時間　61
総合施設　55
ソーシャルワーカー　16

〈タ　行〉

大綱化　36，73
第三者評価　72
地域子育て協働　97
地域保育経営　74
父親の家事・育児参加　12
地方教育行政の組織及び運営に関する法律　28
地方分権推進委員会第一次報告書　54
中国児童発展綱要（中）　115
デジタルカメラ　42
テレビゲーム　12
伝承遊び　43
東京女子師範学校附属幼稚園　25
同僚性　82
特別支援学級　102
特別支援教育　102
特別支援教育コーディネーター　102
特別なニーズ教育　102

索引

〈ナ　行〉

ナーサリースクール（米）　108
なめらかな接続　63
新潟静修学校附属保育所　51
二枚看板論　52
入園資格年齢　17
人間関係知　81
人間性　80
人間像　18
認定こども園　3，55，72
ノーマライゼーション　99

〈ハ　行〉

パソコン　41
パソコン遊び　41
発達過程　50
発達障がい児　101
発達知　81
発達や学びの連続性　34
母親園（仏）　112
早寝早起き朝ごはん　11
晩産化　91
PISA型の学力　85
ビデオレター　42
ピーボディ　109
表現力　34
フィヨン法　28
フィルタリング　44
副園長　7，77
プレスクール（米）　108
プロジェクト学習　64
プロジェクト型の保育　68
ペスタロッチ　18
保育　4
保育園長　76
保育学校（仏）　28，111
保育課程　36
保育技術　44
保育経営　71

保育参加　9，97
保育自治　9
保育所経営　71
保育所児童保育要録　61
保育所保育指針　2，23
　　新──　35，49，73
保育所保育指針解説書　9，78
保育専門職　80
保育動画配信サービス　44
保育の権利　8，73
保育の市場化　55
保育の質の向上　36
保育マネジメント　71
保育要領　53
保護者の支援　36

〈マ　行〉

民衆の子育て　23
メディア教育　39
メディア視聴　11
モンスター・ペアレンツ　97

〈ヤ　行〉

ユビキタスネット社会　38
幼児期の教育　6
幼児教育　4
幼児教育振興アクションプログラム　60
幼児教育振興プログラム　4，72
幼児教育の充実に向けて　4，72
幼稚園教育指導要領（中）　115
幼稚園教育要領　2，53
幼稚園教員免許更新講習　89
幼稚園経営　72
幼稚園保育及設備規定　25
幼稚園・保育所の関係について　53
幼保一元化　51
幼保一体化施設　57
幼保二元制　55
幼保連携型　55
夜ふかし　13

〈ラ　行〉

リーダーシップ　78
ルソー　18
レッジョ・エミリア　66

〈ワ　行〉

若者の育ち　14
ワークライフバランス → 仕事と育児の両立支援

《執筆者紹介》（執筆順、＊は編者）

＊伊藤良高　熊本学園大学社会福祉学部教授…………第1章、第9章、コラム4
　椋木香子　宮崎学園短期大学初等教育科専任講師………………………第2章
＊中谷　彪　森ノ宮医療大学保健医療学部教授、元大阪教育大学長………第3章
　大津尚志　武庫川女子大学文学部教育学科・短期大学部幼児教育学科専任講師
　　　　　　　　　　　　　　　　　　　　　　…………第4章、第13章2
　冨田福代　大阪教育大学教職教育研究センター教授……………………第5章
　松山由美子　四天王寺大学短期大学部保育科准教授……………………第6章
　米田久美子　奈良県香芝市立旭ケ丘幼稚園長……………………………コラム1
　伊藤美佳子　熊本学園大学非常勤講師、桜山保育園園長…………………コラム2
　塩野谷斉　鳥取大学地域学部教授……………………………………………第7章
　赤坂　榮　聖徳大学児童学部准教授……………………………………コラム3
　韓　在熙　常磐会学園大学専任講師………………………………………第8章
＊北野幸子　神戸大学大学院人間発達環境学研究科准教授……第10章、第11章
　永野典詞　中九州短期大学幼児保育学科准教授………………………第12章
　中谷　愛　元立正大学非常勤講師……………………………………第13章1
　李　季湄　中国：華東師範大学就学前教育学部教授…………………第13章3
　鄭　廣姫　韓国：韓国教育開発院主任研究員…………………………第13章4

幼児教育のフロンティア

2009年4月10日　初版第1刷発行	＊定価はカバーに
2012年4月15日　初版第2刷発行	表示してあります

	編　者	伊　藤　良　高
編者の了解により検印省略		中　谷　　　彪Ⓒ
		北　野　幸　子
	発行者	上　田　芳　樹
	印刷者	河　野　俊　昭

発行所　株式会社　晃洋書房

〒615-0026　京都市右京区西院北矢掛町7番地
電話　075(312)0788番代
振替口座　01040-6-32280

印刷・製本　西濃印刷㈱

ISBN978-4-7710-2051-1

中谷彪・碓井岑夫 編 **生徒指導のフロンティア**	A5判 110頁 定価 1,365円
伊藤良高・中谷彪 編 **子ども家庭福祉のフロンティア**	A5判 109頁 定価 1,365円
中谷彪・伊藤良高 編 **学校教育のフロンティア**	A5判 134頁 定価 1,365円
中谷彪・伊藤良高 編 **現代教育のフロンティア**	A5判 114頁 定価 1,365円
中谷 彪 著 **子育て文化のフロンティア** ――伝えておきたい子育ての知恵――	A5判 126頁 定価 1,365円
中谷 彪 著 **1930年代アメリカ教育行政学研究** ――ニューディール期民主的教育行政学の位相――	A5判 520頁 定価12,075円
中谷 彪 著 **教 育 風 土 学** ――牧畜肉食文化と稲作農耕文化の教育問題――	A5判 202頁 定価 2,100円
ローレンス・A.クレミン 著／中谷彪・中谷愛 訳 **アメリカ教育史考** ――E.P.カバリー教育史の評価――	四六判 116頁 定価 1,050円
中谷 彪・小林靖子・野口祐子 著 **西 洋 教 育 思 想 小 史**	四六判 102頁 定価 1,050円
レイモンド E.キャラハン 著／中谷彪・中谷愛 訳 **アメリカ教育委員会と教育長**	A5判 136頁 定価 1,365円
中谷 彪 著 **信頼と合意の教育的リーダーシップ** ――『日暮硯』に学ぶ学校経営の真髄――	A5判 168頁 定価 1,785円

= 晃 洋 書 房 =